我国职业教育网络化治理研究

沈　霞　谢昌炜　著

线装书局

图书在版编目(CIP)数据

我国职业教育网络化治理研究 / 沈霞,谢昌炜著. —北京:线装书局,2023.7

ISBN 978-7-5120-5484-4

Ⅰ.①我… Ⅱ.①沈… ②谢… Ⅲ.①①职业教育一网络教育一研究一中国 Ⅳ.①G712.0

中国国家版本馆 CIP 数据核字(2023)第 092155 号

我国职业教育网络化治理研究

WOGUO ZHIYE JIAOYU WANGLUOHUA ZHILI YANJIU

作　　者:沈　霞　谢昌炜
责任编辑:林　菲
出版发行:线装书局
地　址:北京市丰台区方庄日月天地大厦 B 座 17 层(100078)
电　话:010-58077126(发行部)　010-58076938(总编室)
网　址:www.zgxzsj.com
经　　销:新华书店
印　　制:三河市华东印刷有限公司
开　　本:710mm×1000mm　1/16
印　　张:11.25
字　　数:200 千字
版　　次:2023 年 7 月第 1 版第 1 次印刷

线装书局官方微信

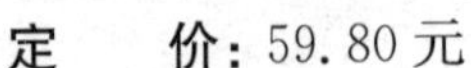

定　　价:59.80 元

前　言

职业教育对国家安全、经济繁荣、民族团结、社会稳定等有着十分重要的现实意义。基于多元合作伙伴关系建立起来的纵横交织的权力线和行动线的网络化治理模式，在职业教育校企合作的互动及博弈过程中，体现了行动基础的彼此信任，行动主体的多元拓展，行动模式的合作互惠，行动规则的民主协商等特征。现实的经济社会转型，社会公共价值创造和治理能力现代化，又为校企合作的网络化治理提供了演化动力。

职业教育的历史源远流长。职业教育作为一种重要的教育形式，最早可以追溯到原始社会。职业教育长期以来对社会的不断发展进步有不可忽视的推动作用，是社会发展重要的动力来源之一。

职业教育发展会为经济发展水平的整体提升奠定重要的基础，培养大量的人才，因此需要重视产城教结合的布局，做好相应的园区规划，以最大限度地增加职业教育对于园区发展的积极影响。校企合作是职业教育发展的重要趋势之一，是职业教育发展必不可少的一步。我们需要高度重视校企合作的制度和各方面规定的建设和完善，促进校企合作高效率、长期稳定进行，做好相应的管理和保障等方面的工作，促进校企合作质量提升，提高职业教育的整体办学水平，为企业提供高质量的人才，达成互利共赢。

职业教育与普通教育不同，要求以职业技术的培训为主要教育方向，重视让学生获得更多的技术技能，促进学生的职业技能水平有效提升。在培养人才的同时，需要不断优化和完善人才培养体系，积极吸收国内外的先进经验，尤其是来自生产一线的有效经验，以达到有效培养人才的目的。教师是人类灵魂的工程师，在培养职业教育人才的时候，需要重视培养优秀的教师，提升教师作为职业技术传授者和科学文化知识传授者的能力和水平，促进教师教学相长，不断提升自身的业务水平。

职业教育是一个不断发展进步的过程，离不开充足的文化层面创新。具有更高文化水平的职业学校学生更容易获得成功，文化教育必不可少。职业教育的发展更要坚持实事求是的原则，坚持一切从实际出发，与现实需要紧密结合。

本书遵循历史与逻辑相统一、理论与实践相结合、定性与定量相融合的思路，以职业教育政策的本质特性为起点，系统全面地介绍了职业教育与产城教融合布局、职业教育校企合作办学模式、校企合作、工学结合与人才培养模式、职业院校文化治理创新和职业教育组织发展的现实路径等内容。本书论述严谨，结构完整，条理清晰，内容丰富新颖，是一本值得学习研究的著作。

目　录

第一章
职业教育网络化治理的政策特性

职业教育在国民教育中占有较高的地位，是教育现代化的重要表现，对教育发展的作用不言自明。职业教育的发展是不断完善教育体系，深化改革创新，提高教育促进经济社会发展的比重，营造更加适宜的发展环境，推进社会主义现代化建设的表现。职业教育的深化和内涵式发展在职业教育改革中具有重要地位。本章主要论述了职业教育政策的内涵和特点、职业教育政策的类型与体系结构，以及职业教育政策的构成系统三部分。

第一节　职业教育政策的内涵和特点

职业教育始于人类社会产生的前期，是人类生产工作和社会性生产不可缺少的活动，是根据系统化的运动，储存、散播、发展和拓展一些称之为职业技术的专业技能。创新发展战略使我国经济产业结构升级和产业结构调整持续加快，各个领域对技术性技能型人才的需求更为急切，职业教育的关键位置和功效日益突显。加快当代职业教育管理体系建设，提高职业教育水准，提升专业技能文化教育已成为现阶段的主要研究课题。

职业教育的重要性已经为社会所重视，但受传统人才观念等诸多因素的影响，职业教育总体上处于理论较发达，却不受学生和教师欢迎的尴尬境地。职业教育如何破茧成蝶是现今亟须解决的问题。以职业教育的“职业”一词为中心，走符合自身特点的“内涵”发展道路是途经之一，而我们在提高职业教育质量方面还需要付出很大的努力。

现代职业教育不仅要求学生学习一定的职业技术技能，还强调对于基本的科学文化知识的学习。但过分强调理论学习会导致“职业化”；相反，如果过分重视“功能化”，职业教育将缩小为“就业教育”，不利于职业教育为学生提供长期稳定的发展。要提高职业教育质量，必须坚持“两手抓”式的技能学习和文化知识学习。

一、我国职业教育的发展有着长期的历史

职业教育历史悠久，可以追溯到原始社会。从元谋时代到夏朝创立之前，中国经历了170万年左右的原始社会时期。这一时期生产力水平低，社会生产没有明确分工。教育融合在生产劳动和社会生活中，与生产劳动紧密结合。人们在生产和生活中积累的经验在代际间传递。

从原始社会开始，随着人类的发展，出现了社会分工，出现了畜牧业、农业、手工业等不同种类的行业，其中最重要的是畜牧业和手工业，它们是主要的生活技能和生活必需品获得的重要源泉，是社会调整、改革、创新的重要推动因素，为职业教育创造了条件。

公元前21世纪至公元前475年，我国处在奴隶社会阶段。这一时期的生产力发展促进了生产设备的改进。生产工具的改进推动以铁器为核心、以农业为核心的小农经济的逐步建立，手工业也得到了长久的发展。伴随着生产制造的发展，岗位职责分工出现，体力工作和脑力工作得以区别开来。这一时期，教育作为一项单独的工作应时而生。奴隶社会阶段的教育是为奴隶主阶级服务的，是塑造官员的活动，教育对象也仅限奴隶主阶级。相关技术人员只能在生产劳动和日常生活中向前人学习知识和技能。

公元前475年，我国从奴隶社会过渡到封建社会。在封建社会前期，我国职业教育迈出了第一步。中国封建社会前期，手工业者职责分工更为细致，技术标准更为严苛，出现了一些家庭性职业教育，如子孙继承父辈的职业是承继各种各样手工艺的具体路径。伴随着对手工业者要求的增多，家庭授艺越来越无法达到社会发展的要求，出现了教学类的集中授艺场所，被认为是当代职业技术学校教育的原始形态。

从秦代到唐宋时期，中国古代的职业教育达到了全盛时期。这一时期，民办盛行，这种最原始的民办徒弟学艺场实际上是“职业教育”的原名，多以专业能力的练习为目的。到唐代，中央和各个地方都建立了归类齐备、修业年限和具体内容统一的职业教育管理体系。这种教育有官方举办的，也有官办和民办学校共同举办的。到宋代，职业教育获得进一步发展，专业的教育规章制度得以创建，专业的教育得以明确。宋代职业教育的产生比欧洲地区第一所职业

教育类院校的出现早了 200 年左右。

元明清时期，职业教育进一步发展，关键反映在两方面。第一，传统式私学教育与职业技术学校教育的融合更为密切，融合了本来以官为本、做高端职业教育进私学学习培训的规章制度。第二，一些民俗学徒工的学习慢慢向官办教育单位发展，官办教育单位普遍征募娴熟的民间手工艺人和工匠出任老师，为各个行业的职业技术学校发展给予人才、技能等方面的支持。

清朝末期，面对列强的入侵，晚清政府不得不推进洋务运动，以“中体西用”为指导思想，坚持“自强”“求富”，建立洋务教育，致力于培养翻译、外交、法令、科技、电报、矿务、冶炼、机械制造、水陆军事等专业技术人才。

1867 年，左宗棠成立福州船政局，附设船政学堂，是中国近代职业教育学校的开端。此后，具有实业教育性质的农、工、商、铁路、电报、蚕桑等各类学堂相继兴起。

清末的实业教育就是职业教育。1902 年制定的近代最早学制《钦定学堂章程》尚未实施，农工商等学堂首次被统称为实业学堂。“职业教育”一词是 1904 年山西农林学堂校长姚文东说的，与国民关系最密切的是普通教育，第一是职业教育。1904 年“癸卯学制”首次确立了实业教育体系，在纵向和横向两个角度，明确了各级各类实业学堂的入学条件、授课年限和培养目标。地方在推进实业教育方面也有具体的认识和措施。当时直接隶属于工艺总局，被称为“北洋实业家”的周学熙提出了著名的“工艺不学不兴，非工艺不现”的“工学并行”方略。

民国初期，实用主义教育受到重视，被列为教育的宗旨之一。蔡元培在《理想国》中强调：“现实主义的教育是当务之急。”民国政府颁布《实业学校法》，将实业学校改名为职业学校，实业教育职业化趋势日益明显。当时民族企业家也提倡和推进实业教育，如南京临时政府实业总长、近代民族企业家的典型代表张厚表示，“实业教育可以达到救国的目的”“以实业辅助教育，以教育改良实业”“要想兴业，必须先发展学问”。实业和教育步调一致，共同发展成为那个时代的重要认识。

民国时期，民族资本主义的发展不断推进传统产业结构的变革，对职业人才培养提出了许多新要求，欧美职业教育的迅速发展给国内知识分子带来了新的启示，国民开始关注职业教育，并将其作为重要的教育类型。

黄炎培是我国职业教育理论和实践探索的典型代表。他明确指出：“以普通教育为基础，只强调实用是不能从根本上解决中国问题的。今后国家的政策将优先于职业教育。”1917 年，他与 47 名同事合作成立了中华职业教育公司，领导和推进职业教育调查、研究和实践。从此，“职业教育”取代了“实业教育”一词，得到了社会的认可。

民国时期职业教育思潮兴盛。有很多知识精英学术地位高、贡献大、社会活动广，对职业教育有着浓厚的兴趣，深入研究，并做出了重要的成果。1922 年颁布的新学制将实业学校改为职业学校，作为教育类型的职业教育在近代中国正式确立。1929 年颁布的新规章制度是对职业教育制度的局部调整，1932 年颁布的《职业教育法》全面完善了职业教育制度，职业教育制度不断中国化和本土化。

民国时期的中国现代职业教育从无到有，几乎与世界现代职业教育同步发生。但由于军阀更替、社会动荡、抗战等时代因素，职业教育很难稳定发展，有时甚至停滞不前，刚出现就遭到破坏。

1949 年，中国各职业学校加起来，在校生只有 30 万人。普通中学多，职业学校少，不能适应经济复苏和发展的迫切需要。中华人民共和国成立之初，百废待兴，发展职业教育，培养急需的技术人才，成为紧迫的国家任务。具有临时宪法性质的《中国人民政治协商会议共同纲领》明确提出在涉及教育方针时“重视技术教育”。然后建立中等专业教育、技工教育、农业中学（职业中学）相结合的中等职业教育制度。为保证国家经济建设的需要，各种初、中级技术人才和技术工人、大多数中等专业学校和技工学校由中央各部门直接领导和管理。

20 世纪 50 年代，中国学习苏联开始进行工业化建设。为了迅速弥补人才不足，国家把重点放在培养周期短、人才实用性强的中等职业教育上。中央和地方工业、交通、农林、财政贸易等国民经济主管部门，设立中等专业技术学校，培养技术干部和管理干部。劳动部门所属的企业设立技工学校，培养面向生产现场的技术工人。经过几年的建设，建立了一些近代中国所没有的中等地质、矿业、电机电器、铁路交通等学校。“文革”期间，职业教育被视为“资产阶级‘双轨制’”的标志，被大量停办、拆迁或改为普通中学。

改革开放后，中国经济步入快速发展时期，国家确立了大力发展职业教育的方针。其间，一方面调整了中等教育结构，重点推动中等职业教育发展，另一方面建立了以职工大学、技术专业学校为主的高层次职业教育。

进入 20 世纪 80 年代，围绕如何大力发展职业中学的目标，我国相继出台了多项职业教育政策，职业教育办学模式基本参照普通中学模式。到 20 世纪

90 年代，我国职业教育走上了产教结合、校企合作、工学结合的道路。1995 年颁布的《中华人民共和国职业教育法》具体提出了加强职业教育内部建设，深化教育改革的政策。

二、国外职业教育的发展历程

国外的职业教育的发展与经济发展实践有密不可分的关系。职业教育体系开展的时间与工业时代的到来基本上是同步的。西方资本主义国家的职业教育一般情况下都受到政府的大力支持和积极引导。

17 世纪左右，重商主义在西方资本主义发展的初期盛行。以 17 世纪的法国为例，为了保障重商主义条件下法国的经济发展，增强法国的军事力量和航海力量，建立的专业技术学校成为法国职业教育的重要基础。直到 18 世纪，西方老牌资本主义国家的职业教育还都能看到政府的影子。

18 世纪，工业革命开始萌发。职业教育的地位与普通教育基本上是等同的，政府积极推动职业教育学校的建立，并利用法律的形式进行保障。西方国家一直以来实行的是双轨制教育，在二战之后，传统的双轨制教育难以维系。

传统的双轨制教育显示教育机会不平等。一方面，从教育体系的角度来看，可以让高中毕业生以继续学习或以更高的社会地位学习或就业，而中等职业和技术学校是青年人能够接受到的教育的终止，毕业生没有机会继续上学。即使人力资本理论认为职业和技术培训可以为个人和企业带来良好的经济回报和利益，但是社会学家认为，从中等职业和技术学校毕业的学生在职业未来和社会地位方面比接受普通教育的学生要低得多。特别是中等职业教育课程的内容过于集中在特定的技术操作上，这将阻碍有效地培养年轻人的个人能力，并对其未来造成损害。这种不当的转移训练还会给学生带来心理压力和障碍，使学生对学习失去兴趣。

另一方面，在政治上，西方社会平等权利的民主运动变得越来越广泛，尤其是为争取平等权利而战的弱势群体的声音越来越高，教育平等当然是重要内容之一。受到这种情况的影响，各个国家的政府已开始修改教育政策并改革教育体系。改革政策包括改良教育体系、修改教育政策，一些中职类学校被取消，留存下来的中职教育学校也在单纯的劳动技术训练中加入了文化教育的因素，一部分公立中学将职业教育融入普通高中的课程之中。

三、我国职业教育的内涵与特征

我国古代职业教育具有相当明确的特点。

第一，在古代早期，职业教育具有一定的强制性。中国古代职业教育强调“博通物理”的辩证思想，注重掌握普遍规律和各种技术，将所学技能运用到生产和生活中。从最初的奴隶社会开始，职业教育的目的是让奴隶掌握技术，以更好地完成奴隶主分配的任务。受教育方没有决定权，只能被动接受，只能强制进行。进入封建社会，我国职业教育以农业、手工业为主，职业教育由政府统一进行。国家对农业生产者进行职业教育，以提高粮食产量，满足国库粮食储备，最终目的是维护统治者自身的利益。这一时期的职业教育基本上也是强制性的，通过官方的力量传达国家意志是强制性的表现。

第二，我国古代职业教育形式丰富。最早的职业教育模式是先秦时期父亲等长辈传授家业的家族式职业教育模式。随着职业教育需求的不断发展，国家层面设立专门的职业教育机构，设立一定的部门和职责，组织专门的技能教育人员，向老百姓传授职业教育知识。

第三，古代职业教育最重要的教育形式是拜师学艺。拜师学艺是学徒以拜师的形式学习技艺，同时学习技能，参与劳动。拜师学艺在中国众多手工、物质文化的传承中留存至今，同时打破了身份限制，即弟子不受家庭背景、学识地位的影响，导师不需要管理，教育不限于工厂、机关等。拜师学艺的发展随着古代商品、市场的发展逐渐兴盛，将古代职业教育推向全盛期，是现代职业教育教学模式的重要借鉴。

拜师学艺是一种全程教育模式。学徒要全面掌握工作内容，其内容包括业务所有流程的所有部分。培养的工匠不仅要对自己的职业，还要对整个行业有全面的了解，以确保工匠的专业水平。因此，古代拜师学艺教育贯穿于行业生产的全过程，具有全程教育的特点。这种教育培养的人才综合素质高，创造精神丰富。

但这一教育模式以职业实践为中心组织教学内容，学生不注重学问，只注重就业价值和操作，也不关注对理论原理的追求。

拜师学艺的教学组织形式以现场学习为主。供奉导师学习技术的职业教育是生产第一，教育第二。学徒主要是在实际生产过程中边看边学习。一般课程是学徒先在旁边看老师的操作，了解生产的基本情况，然后学徒可以帮老师做简单的辅助工作。随着学徒辅助工作越来越熟悉，在承担基本工程后，可以在导师的指导下开始系统的工作，逐渐过渡到独立的工作。

拜师学艺职业教育是一种单独的教育形式，学徒在独立操作之前必须熟悉所有的工序。但所有的工程都缺少单独教学，大部分都是在完全自然的工作过程中随机学习，学习周期特别长，教学效率低。

在新时代，具有中国特色的职业教育的含义主要包括拥护中国共产党领导的核心内容，扎根于中国土地，发展素质教育以及为国家服务以促进区域经济和社会发展。

第一，我国的职业教育必须坚持中国共产党的领导。我国作为中国共产党领导的社会主义国家，我们的教育必须开展中国共产党领导下的中国特色社会主义教育，必须坚持教育为人民服务、为中国共产党治国理政服务、为巩固和发展中国特色社会主义服务、为改革开放和社会主义现代化建设服务。

党的领导是中国特色高等职业教育的鲜明本色，具有极强的理论意义和实践意义。我国的职业教育扎根于我国的政治、经济、文化环境，具有中国特色是必然的。要坚持党的领导，就必须始终坚持社会主义办学方向不动摇，注重加强党对于职业教育课程、职业教育人才等方面的管理，为推进高等职业教育高水平建设和高质量发展提供坚强政治保证、思想保证和组织保证。

第二，我国的职业教育必须坚持中国特色。习近平总书记在2018年的全国教育大会上强调，扎根中国大地办教育，就是要坚持以马克思主义为指导，全面贯彻党的教育方针，坚持以人民为中心的发展思想、以立德树人为根本任务、以促进公平为基本要求、以优化结构为主攻方向、以深化改革为根本动力，走出一条中国特色的教育现代化之路。

走具有中国特色的职业教育发展道路，坚持自主、自办的原则进行职业教育，具有不可替代的作用和意义。我国的职业教育背景是我国的基本国情。我国是一个发展中国家，是人口大国，教育发展具有不平衡、不充分的特点，学生的数量较多，需要兴办规模更大的职业教育事业。这些特殊的背景决定了我国的职业教育必定具有特殊性，必须坚持走具有中国特色的职业教育发展道路。

在坚持我国职业教育发展特色的同时，也需要吸取国外的先进经验作为参考。它山之石，可以攻玉。在充分坚持教育本土化，立足中国的实际情况展开职业教育的同时，需要坚持改革开放，建立开放的办学体制，学习世界各国的新成果，学习其他国家职业教育发展的新经验，使其为我所用，做到扬长避短，继承创新，不断整合，优化我国职业教育发展的框架，以达到不断优化和长期稳定发展的新局面，使我国职业教育更加适应社会经济发展与国民教育的需求。

第三，我国的职业教育必须是素质教育。根据培养素质人才的目标和塑造应用型人才的教学定位，教学培养计划应着眼于能力的培养，重视培养学生的综合能力和素质，提高学生的各项能力，包括身体素质、情感素质、学习能力以及技术水平等方面。

第四，我国的职业教育必须服务国家与区域经济社会发展。我国的职业教育的根本任务是培养适应现代化建设需要的高技能专门人才和高素质劳动者，在“中国制造 2025”、精准扶贫、“一带一路”“互联网＋”等重大国家战略实施的背景下，要求职业教育做到“供给端”与“需求端”的平衡。这其中，“需求端”表现在满足国家新产业新业态的需求，“供给端”表现在人才培养方案、人才培养模式等的创新。职业教育是新时代下的重要人才来源，必须转变育人观念，创新人才培养模式，努力实现人才供给与需求的动态平衡。

我国职业教育同时具有强烈的历史性与鲜明的时代性。这是由于我国的职业教育具有较长的发展历史，自古以来就是推动技艺传承的重要方式，在近代救亡图存的实践中十分重要，并且服务于新民主主义革命和社会主义社会的建设。应当将历史的固有经验与新时代新发展的要求紧密结合起来，坚持传统与现代的有机结合。

我国职业教育是社会性与主体性相结合的产物。职业教育的目的是为社会经济发展服务，是教育的重要组成部分。职业教育作为教育的一种，自身具有教育的规律，应当坚持一切从实际出发的原则，坚持以职业技术属性为重要导向。

我国职业教育是全民性的教育，倡导终身学习。职业教育应当是面向大众的教育，不断培育大众的职业能力，提高其职业水平。最重要的是保持长期稳定学习的能力，是贯穿于个人终身学习过程的教育，强调全民化、终身化，将人口资源有效地用于服务经济社会，达成人才优势。

我国职业教育既是民族的，也是世界的。我国职业教育立足于中国的实际情况，坚持实事求是的原则，大量借鉴国外的先进经验，坚持引进的经验必须用于完成我国职业教育的宗旨和原则，立足中国，放眼全球，保持开放的视野，吸取优秀的文化。

第二节　职业教育政策的类型与体系结构

一、职业教育政策的界定和划分

“政策”一词是指国家一级的计划，实行政策的行为主体是国家行政机关、执政党，包含社会发展、经济发展等各个领域，致力于完成一定阶段的目标，以一定的发展战略为行为线路，本质上政策是行为规范。政策是专业化智谋、方式、对策、方式等的总称。政策一般以法律法规、管理制度、行政规章、党和政府领导人员的标示等方式传递。

职业教育政策是公共性政策的一部分。公共性政策的实施主体是公共权力，通过一定的过程，公共权力行政机关处理公共性难题，完成公共性目标，完成集体利益。公共性政策简单来说便是政府部门选择做某件事和不做某件事，推行或不推行某种集体行为。

职业教育政策归属于公共性政策范围，是文化教育方面的政策。职业教育政策的制订主体是政府部门。在我国，职业教育政策就是指党和国家以大力推广职业教育为目的，处理职业教育难题，实现职业教育目标，完成职业教育标准的可持续发展观；而采取的政策，包括引导职业教育机构以及引导个人的行为两个层面。

职业教育政策的划分可以分为不同的层次，对于职业教育政策进行明确的划分，需要以不同的基本点为基础，明确政策之间的联系，找出政策之间的规律。

在划分政策的时候，可以按照宏观到微观，抽象到具体的划分方式进行。政策可以分为职业教育整体上的总政策、职业教育的基本政策以及职业教育的具体政策。

职业教育的总政策是提纲挈领的根本性政策，是指党和政府实施职业教育的政策立场和总目标，对职业教育的基本政策和职业教育的具体政策起到统领作用。职业教育的总政策就像是树的树根、树干，总政策的质量对于职业教育的基本政策和职业教育的具体政策起到领导作用。

目前，我国职业教育的总政策包括如下几个层面：贯彻职业教育政策，即大力发展职业教育；落实职业教育目标，即提高职业教育质量；建立健全适应社会主义市场经济和社会进步需要的职业教育体系，全面提高受教育者素质，实现职业教育持续健康协调发展，把发展职业教育定位为国计民生的一个重点。职业教育是国民教育的重要组成部分，是促进经济社会发展和增加就业的重要途径。

职业教育的总政策具有如下特点：

职业教育的总政策具有相对稳定性，是处于根本地位的指导性政策，具有较强的指导意义，指导职业教育的基本政策和职业教育的具体政策的发展。职业教育的总政策制定必须对于实现职业教育总目标有积极和推动的作用，必须坚持遵循客观规律，按客观规律办事，不能做出违背规律的事情，避免拔苗助长、凌节而施。

职业教育的总政策是由权威的机关制定的。职业教育总政策必须具有相当程度的权威性和严肃性，是党和政府推进职业教育发展和改革的重要方向性政策性文件，其制定机关以及方向都具有相当程度的严肃性。

职业教育的总政策是且只是提纲挈领的总方向，是总体上的指南，而不是一个全面而具体的指导文件，因此具有抽象性，指明了职业教育最根本的行动方向以及采取这些行动的最根本依据。

职业教育的基本政策是国家实施职业教育的原则和行为准则，由立法部门制定，这是政策的法律化的重要表现，主要体现在《中华人民共和国职业教育法》上。

职业教育的基本政策是一种特色鲜明的政策。第一，作为实现职业教育健康持续发展的重要保障，职业教育的基本政策不可避免地有一定程度的强制性色彩。第二，职业教育的基本政策具有规范性和普遍性，可以适用于较广泛的范围，而且修改必须按照一定的程序，需要经历严格的审批，以确保职业教育的基本政策不因行政部门的人事变动而改变，实现职业教育的平稳发展。第三，职业教育的基本政策是灵活的政策，即具体政策可以在《中华人民共和国职业教育法》的范围内进行判断和改良。灵活对待职业教育之中的各种变化，为职业教育的基本政策的有效实施提供了条件，避免出现教条错误，坚持一切从实际出发的办事方式。

职业教育的基本政策规定了职业教育的地位、职能、体系结构、办学职责、管理体制和经费来源等基本方面，对设置职业教育的政府、行业、企业等各方面的职责、义务和权利作出明确规定，并且赋予各级政府和行政部门很大的执法权力和空间，规定行业、企业和其他社会组织必须认真履行和承担实施职业教育的义务和责任，是职业教育的改革和发展的有效法律依据和保障。

职业教育的具体政策是指行政部门为实施职业教育所采取的具体规划和措施，以及为处理特定的职业教育问题所采取的方法和程序。职业教育的具体政策是对职业教育基本政策的加强、深化、细化、适应和不断完善，其实施的主体是行政部门，利用行政手段来实施。

职业教育的具体政策有一定的特殊性。首先，职业教育的具体政策具有一定的灵活性，可以根据不同的环境，不同的客观情况及时调整。其次，它是理论与实践相结合的中间产物。它与职业教育实践密切相关，借助于《职业教育法》的理论指导，能够解决职业教育的实际问题。最后，可以随着认识的深入进行修改和补充。

职业教育的具体政策涉及职业教育的各个方面，具体解决职业教育的实际问题。因此，行政部门在制定职业教育的具体政策时，必须尊重事实，按照实事求是的原则，进行科学分析，根据大政方针和基本政策，从大局出发，充分考虑。

职业教育的具体政策需要从全局出发。从国家的角度来看，全国人民的根本利益具有一致性。应当在充分维护全国人民的根本利益的基础上，明确根本利益与具体利益之间的关系，充分分析眼前利益与长远利益的不一致性，注意维护最广大人民的根本利益，重视地域差别、城乡差异、贫富差距等方面带来的影响。

职业教育的具体政策实施是一个与时俱进的过程。社会发展是一个长期稳定的过程，需要经历一个较长的时段，我国的经济、政治等各方面也正在不断地改革和完善。职业教育具体政策的执行部门应当坚持与时俱进的原则，坚持具体问题具体分析，重视研究和学习有关政策法规，积极解决职业教育具体政策不断发展完善面临的新问题，保障职业教育全面、健康、可持续发展。

职业教育的具体政策必须是科学的。政策的制定与组织的主观判断和认定有密切的关系，作为政策制定主体的行政部门必须对职业教育的科学性负责，以科学的方式进行认识、判断和决策。

这种科学决策第一个表现方面是职业教育的具体政策应当基于职业教育的双重属性。职业教育具有经济性和教育性，职业教育的发展离不开市场，目前所面临的是市场、政府和学校的三方关系。市场是影响职业教育模式的重要力量，是外部的重要因素，职业教育应当是面向市场的教育。职业教育的教育性是职业教育的基本特点之一，行政部门应当注意职业教育不能变质，应当坚持教书育人的原则，培养学生成为全面发展的人才。

这种科学决策第二个表现方面是职业教育的具体政策应当有一定的条理性、系统性和可操作性。职业教育的具体政策应当是可以实施的，是最为贴近基层的，是最为基本的政策，必须具有较强的可实施性。职业教育的具体政策是系统化、规范化的，以实现职业教育的发展目标为根本目的。

这种科学决策第三个表现方面是职业教育的具体政策应当立足于我国的基本情况。我国的职业教育应当为我国服务，应当是我国的特色职业教育。在保障我国职业教育坚定不移地为我国经济发展服务的同时，适度参考其他国家的先进经验，坚持以我为主、为我所用的原则。

职业教育这三种政策之间具有密切的关系。职业教育的总政策作为职业教育政策的基础性政策，其制定者是党和国家，以核心的地位对职业教育的基本政策和职业教育的具体政策加以领导，是权威性、抽象性和稳定性的表现。职业教育的基本政策是规范性的政策，目的是保障目标的实现。职业教育的具体政策侧重实用性，其重点是应用价值以及实操价值。

职业教育的总政策扮演着根本依据的角色，其起到的作用类似总指挥，是指导其他政策制定的方案。职业教育的基本政策是将职业教育具体政策落到实处的保障，也是职业教育具体政策制定的标准和规范。职业教育具体政策在完全趋于成熟和稳定之后，也能够补充到职业教育的基本政策中。

在横向层面，可以将职业教育政策分为三类。第一种是目标政策，即职业教育培养的质量标准政策。这种政策主要指的是教育理论，包括职业教育质量政策在内。第二种是条件政策，指的是如何利用各项手段，将职业教育各项功能充分发挥出来。这种政策一般侧重于教育实践，包括职业教育的师生两个方面，例如职业教育的经费政策、职业教育的教师政策以及职业教育的实训基地政策等方面。第三种是途径政策，是包括了职业教育的理论和职业教育的实践的政策。这种政策的目的是实现职业教育的质量标准。职业教育的体制政策以及职业教育的课程政策属于这一范畴。

二、职业教育的架构

职业教育是受教育者获得某种职业或生产劳动所需的职业知识、技术和职业道德的教育。职业教育体系由职业熏陶、职业指导、职业学校教育、其他职业教育等四个部分组成。

职业熏陶是指接受正规职业教育之前的教育，将未来各种职业的基本技能和素养渗透到学生的日常学习和生活中，为以后要学的职业知识和技能打下良好的习惯和基础。

职业指导就是指正确指导、引导和提升有效性。职业指导包括职业咨询、职业整体规划、课业指导和学生就业指导。职业咨询是人力资源管理的服务咨询，包括应聘求职、就业咨询、自主创业指导、人才素质测评、职业整体规划等相关工作。职业整体规划是一个持续的、系统的职业之路和职业规划全过程，包括职业之路、目标设定和渠道设计三个因素。职业规划是对于为解决职业疑惑的一系列职业发展趋势服务项目的统称。课业指导是指导学员进入大学或职业后的学习过程，现阶段以监管为主，但内部结构瓦解比较严重，未来就业企业合理参与不够。学生就业指导包括预测分析学生就业需要，劳动力资源和社会需求，搜集和传送创业信息，培养劳动技能，机构人力资源市场，强烈推荐、详细介绍和机构招聘等与学生就业相关的综合型社会发展咨询和服务活动。

职业学校教育包括文化教育、职业文化教育和学历提升，分成中等水平职业文化教育和高职院校的职业文化教育。中等水平职业文化教育是在九年义务教育的基础上培养高素质员工。高职院校的职业文化教育是在高等教育的基础上培养高技能专业人才。

其他职业教育是以培养员工知识和技术为目的的教学和主题活动，是不要求文凭的短期内的职业文化教育。职业形式多样，目前我国的职业教育包括职前、复员、学徒工、在职人员、换岗等职业。根据实际情况可分成初级、初中级、高端职业。职业还包括学生就业前、失业人员下岗再就业等职业。无论是职业学校教育还是其他职业教育，都属于我国职业教育的体系，这是贯穿个人职业发展全过程的教育，在适应教育社会化、社会教育化的过程中，形成了纵向横向两方面的系统，成为各层次、各类型教育的连接点。职业教育特别是中等职业学校教育要发挥多种学校模式的优势，加快构建现代职业教育体系，这是职业教育发展的方向和根本遵守，也是职业教育面向 2035 年的核心任务和逻辑主线。围绕职业教育的类型属性和特点，加快构建现代职业教育体系，必须全面把握六大重点任务。

第一，树立科学的职业教育发展理念。职业教育在培养目标、课程设置、教育方式等方面与普通教育有着明显的差异，“不同类型、同等重要性”已成为广泛共识。作为有形教育，职业教育必须遵循技术技能人才培养规律，正确把握现代职业教育的思维方式和地位，强调面向市场的职业教育，以市场需求为导向优化调整层次结构，帮助学生实现更高质量的就业。强调以能力为导向的实践教育，注重能力培养，改进教育模式，改革教学方法。强调面向社会的跨境教育，有效整合企业、大学、产业、政府的各种资源，建立促进人才和技术供求匹配的整体发展机制。强调为所有人进行终身教育，为所有人展示才能，给所有人照亮人生的机会。

第二，构建一体化职业教育体系。一体化教育体系是职业教育成为一种教育模式的前提，是职业教育高质量发展的基础保障，有利于打通技术技能人才的成长成才渠道，让"就业上职校、民生事务学校、兴业求职学校"成为社会共识。其中，整合学校体系是基石，巩固中等职业学校的基本地位，提高高职高专学校的水平，稳步发展本科水平的职业教育。标准系统集成是加快核心、专业、教育、课程、实践实习条件"五位一体"的国家标准。培养体系一体化支撑，坚持推进职业高考改革，完善"文化素质、职业技术"考试招生方法，完善"五年一贯制""考本贯通"等培养形式。教育机制整合是坚持德行与授勋相结合，加强以培养工匠精神为核心的思想政治教育。

第三，改善办学模式的多元整合和开放性。职业教育是面向所有行业的教育，没有各方的参与，就不能做好职业教育。在保障职业教育基本公共利益属性的前提下，要加快从"职业教育"向"管理"职业教育的转变。创新校企合作的基本形式，抓好激励政策落地，鼓励社会力量参与办学，共同办学，办二级学院，建设实训基地，实现校企互利共赢。丰富多元学校主体，发挥国有企业职业教育优势，支持民营职业教育的发展。支持行业经营，鼓励上市公司、行业龙头企业进行职业教育，财政经费对参与办学的国企、民营企业一视同仁。提高开放水平，有效吸引国外高级职业大学来华合作办学，办好示范性中外合作办学机构和项目，探索"中国特色职业技术"发展模式，打造中国职业教育国际品牌。

第四，构建灵活多样的教育模式。职业学校生源渠道多样，市场需求多样，因此职业教育的培养模式必须灵活多样。在坚持校企双重主体、及时总结学徒制试点成功经验的基础上，大力推广培养政府领导、行业参与、社会支持、校企双重主体的中国特色学徒制。积极探索职务课程比赛证书融合（职务是工作岗位，课程是课程体系，比赛是职业技术比赛，证书是职业技术等级证书），及时将新技术新规范纳入教育，及时将企业典型案例纳入教育，将职业资格证书、职业技术等级证书内容及时纳入教育。大力推进教学模式的内容、方式改革，加强工学结合、理实一体的教学模式，根据生产实际和岗位需求设计开发课程，推广项目教学、案例教学、情景教学、业务课程导向教学，广泛应用网络混合教学。

第五，理顺职业教育的管理体制。制度机制关系到内生动力和发展活力，构建现代职业教育体系，部门、中央与地方政府、学校要各自定位、各司其职，从宏观和微观上通力合作，为职业教育发展注入无限动力。处理好部门间关系，脱离部门利益，加强分工合作，在各自职权范围内，履行好发展职业教育的责任。要处理好中央与地方的关系，在中央科学规划、宏观管理的基础上，夯实地方主体责任，尊重基层创作，建立有效的容错纠错机制。在地方，将推进职业教育现代化纳入重要议事日程，切实履行职业教育发展的责任。处理好政府与学校的关系，政府应按照“旁观服”改革的要求，解除对职业大学的限制，充分落实学校自主权，加强事后监督，学校应妥善运用学校自主权积极行动。

第六，加强职业教育的保障机制。保障机制控制根本，长期管理。在人、财、物，硬件、软件等方面具备健全的机制，为职业教育的持续健康发展提供有力的支持。完善多元投资机制，进一步落实新的教育经费倾斜于职业教育的要求，完善多元投资机制，形成全社会共同支持职业教育发展的合力。加强师资队伍建设，打破学历和证书的框架，完善“固定岗位、流动岗位”的教师管理制度，拓宽从行业企业选拔优秀教师的渠道，建立职前职后一体化、校企双主体的教师培养培训体系，建立科学的领导干部选拔、培养、交流、退出机制。发挥信息化支撑作用，促进现代信息技术与教育教学的深度融合，加快数字化校园建设，创新信息化环境下的教育教学模式。

这六大重点任务是加快构建现代职业教育体系的重点和突破口，也是坚持走中国特色职业教育发展道路的关键。做好职业教育要把这些工作放在实地，这并不是一件容易的事，一定会遇到各种无法预测的困难，我们要付出巨大的心血和智慧，发挥自我革命的精神和攻克困难的毅力，要不断解决重点、沟通点、难点，把我国职业教育提高到新的水平。

职业教育作为国民教育体系和人力资源开发的重要组成部分，肩负着培养多种人才、继承技术技能、促进就业创业的重要责任。职业教育要实现历史性跨越，如何进一步推进职业教育的高质量发展，满足我国产业升级和经济结构调整对技能人才的强烈需求，成为我国职业教育发展面临的重要课题。

特色决定生命力。进一步加强职业教育类型特色，巩固职业教育类型定位，对于激发职业教育发展动力，增强职业教育的认可度和吸引力至关重要。长期以来，重普通教育、轻职业教育的观念依然存在，还有一些职业学校根据普通教育的方式进行职业教育，盲目追求大而全，削弱了人才培养的特色，背离了发展定位。强调地方调剂、职业教育和普通教育的协调发展，要求垂直贯穿不同层次的职业教育，横向融通不同类型的教育，加强各学团的普通教育和职业教育，从而增强职业教育的有形特色。

围绕国家重大战略，紧密对接产业升级和技术变化趋势，优先发展先进制造业、新能源、新材料、现代农业、现代信息技术、生物技术、人工智能等产业所需的新兴专业，鼓励学校开设紧缺的符合市场需求的专业，形成与产业链、创新链紧密相连的专业体系。

坚持发展职业本科教育，以高标准建设职业本科学校和专业，这对优化职业教育体系结构、完善短板、形成高水平技术人才培养体系具有重要意义。广大的职业大学要努力摆脱依赖规模利益的思维方式和路径，要在高端产业领域、新技术革命领域布局，优化学校人才供给和产业人才需求匹配度，使职业本科教育发展在起步阶段实现高起点、高标准、高质量，实现有序且健康的发展。

第三节　职业教育政策的构成系统

一、职业教育政策的历史回顾

改革开放 40 多年来，我国职业教育波澜壮阔、快速发展，初步建立了现代职业教育体系，培养了大批高素质技术人才。回顾过去几十年来职业教育政策的变迁，对于深刻认识中国发展职业教育的必要性，中国应该发展什么样的职业教育，中国应该如何发展职业教育具有重要意义。

1978—1984 年是职业教育的恢复阶段。在这一时期，国家职业教育政策的重点是改革“文革”中遭受破坏的中等教育结构，发展适应改革开放的职业教育，建立职业教育体系。

第一，制定中等教育结构调整的目标，取得初步成功。1978 年邓小平在全国教育工作会议上指出，要考虑扩大农业中学、各种中等学校和技校的比例。因此，中等教育结构调整、职业教育发展被提到政策制定日程上。1980 年《关于中等教育结构改革的报告》提出了一系列向中等职业教育发展倾斜的优惠政策。

第二，形成了多个部门和多个行业共同经营职业教育的途径和格局。将部分普通高校改编为职业学校、技术学校、职业中学、农业中学。这项政策的明显效果之一是增加了中等学校、技术学校的数量，同时创造了新的中等职业教育机构，即由普通中学改建的职业高中。《关于改革城市中等教育结构，发展职业技术教育的意见》的出台标志着工业企业、劳动等部门和教育部门共同举办中等职业学校的格局于1983年形成。

第三，沟通办学主体渠道，允许社会力量参与办学，这一突破对今后职业教育的发展影响深远。1978—1984年，职业教育的恢复奠定了新时期职业教育的基础，这一基础成为我们日后职业教育取得重大成就的基础，但是也有不足之处。这一时期的职业教育主要是把发展任务赋予正规学校，对发展职业教育所需的外部制度的建设考虑不足，如缺乏产业参与机制；学校有很多，但是缺乏统一的协调；国家能力标准、统一职业资格制度、职业教育学历之间的匹配并不完善，低水平的普通高中改建的职业学校教学存在问题等。

第四，在建立职业教育体系方面，这一时期的发展是之后发展的重要基础，是职业教育体系建设的重要探索和进步时期。

从1985年到20世纪末是职业教育的发展阶段，职业教育的发展呈现出政府与外部共同推动，发展规模大、速度快等特点，且这一时期的职业教育普遍得到法律法规的支持。

第一，确立了新时期我国职业教育发展的基本思路。包括职业教育在内的新时期教育发展思路初步形成，进一步系统化职业教育的定位、发展路径及相关政策，提出了“调整中等教育结构、大力发展职业技术教育”的方针；明确要求各部门的招聘要优先录用职业学校毕业生的倾斜政策，确定了学校教育从中学阶段开始分类的方针；肯定了“社会力量办学”，为多种形式的职业教育办学提供了政策基础。

第二，职业教育注重发展的规模以及发展的质量。职业教育要继续扩大招生规模，使全国中职学校在校学生人数超过普通高中在校学生人数。在扩大招生的同时，坚持走内涵发展的道路。这包括有计划地建设骨干学校、示范学校。如从1991年开始推进国家级重点中等职业学校和省级重点中等职业学校建设，扩大对职业学校的投资，提高了职业教育的基础教育能力。

除大力建设职业学校以外，还提出职业学校的师资构成问题。要求制定职业技术教育教师的任职条件，采取措施逐步提高职业技术学校教师的待遇。职业教育师范班的学生可以享受师范生待遇，免除学费，实行专业奖学金制度，确保职业教育的教师队伍有稳定的来源。

明确职业教育学校的学生有进修的空间。在《关于推荐应届职业高中毕业生参加高考的有关问题的通知》中明确表示："推荐入学考试的职业高中毕业生与通过普通高中会考的考生具有相同的资格和权利，入学时应同等对待。"这项政策允许职业高中的毕业生参加高考，突破了职业教育和普通高中教育之间的差距，意义重大。

第三，职业教育体系形成。1985 年《中共中央关于教育体制改革的决定》提出："将逐步建立从初级到高级、各行业支持、结构合理、能与普通教育沟通的职业技术教育体系。"此后，随着我国职业技术教育日益受到重视，各地相继建立了职业技术学校。1993 年，《中国教育改革和发展纲要》要求各级职业技术学校积极适应当地建设和社会主义市场经济的需要，认真实行"先培训后就业"制度，还提出："职业技术教育和成人教育主要由行业、企业、事业单位、社会各方面共同办学。"这一思想表明，人们对职业技术教育重要性的认识有一定程度的提高，给了学校运营体制更广泛的政策支持。

1999 年《中共中央国务院关于深化教育改革全面推进素质教育的决定》进一步提出调整现有教育体系结构，明确提出"高等职业教育是高等教育的重要组成部分"，要大力发展高等职业教育。

第四，职业教育和市场机制更加紧密地结合在一起。1992 年中共十四大确定了社会主义市场经济体制的建设目标。1993 年出台的《中国教育改革和发展纲要》继续强调职业教育的重要性，首次提出今后职业学校将选择行业、企业、事业单位以及社会各方面共同运营、产校相结合的道路。1999 年《中共中央国务院关于深化教育改革全面推进素质教育的决定》进一步明确了改革的方向。也就是说，"建立符合社会主义市场经济体制和教育内在规律、不同类型的教育相互沟通、相互衔接的教育体制"。职业教育组织者的主体从原来以政府经营为主、以社会力量经营为辅的政策取向转变为主要依靠社会力量支持职业教育发展的政策。职业教育在招聘和就业、教育设施、专业设置、课程等方面逐渐减少政府的计划控制和支持。显然，全国开始了引进市场力量积极参与职业教育发展的探索。

第五，职业教育开始走上法制化建设的道路。1996 年实施的《中华人民共和国职业教育法》是职业教育政策发展的重大事件，确定了职业教育的法律地位，规定了政府、社会、企业、学校和个人在职业教育中的义务和权利，明确了职业教育的根本任务、学校体制和管理体制，提出了发展职业教育的方法，规定了职业学校的设置标准和进入条件等。职业教育受到国家法律的保护，标志着职业教育开始走上法制建设的轨道。

进入 21 世纪后，职业教育获得了新的发展和繁荣。现阶段大力发展职业教育的战略重点毫不动摇地确立了走中国特色职业教育发展道路的指导思想。

第一，会议数量的增加表明了国家层面对发展职业教育和制定职业教育政策的重视。在 2002—2005 年短短的几年里，国务院连续三次召开全国职业教育工作会议，确定和细化了中国职业教育发展特色，确立了中国职业教育的发展目标，明确了中国职业教育目标达成的措施和投入。会议的高层次和高频度在中国职业教育史上是前所未有的。从内涵发展出发，引入学习型社会的理念，提出职业教育要适应人们终身学习的要求，与劳动就业紧密结合，大力推进校企合作、工学结合的培养模式，构建有中国特色的现代职业教育体系。

第二，高等职业教育政策的重要性越来越大。随着我国高等教育扩大招生工作的进展，高等职业教育也越来越受到重视。2004 年职业教育部门间联席会议制度的建设为指导职业教育的发展奠定了基础。

第三，强调建立中国特色职业教育体系。2005 年 11 月，国务院再次召开全国职业教育工作会议，强调要把发展职业教育作为经济社会发展的重要基础和教育事业的战略重点，进一步建立和完善“有中国特色的现代职业教育体系”。随着国家经济实力的增强，此次会议提出了建立有中国特色的现代职业教育体系的构想和计划。

第四，在建设职业教育体系的过程中，进行了部分重点建设。重点建设政策是国家推进高职教育系统改革和提高质量的重要政策工具。2006 年《国家示范性高职院校建设计划》的出台标志着我国高职教育开始进入重点建设时期。在高职院校规模迅速扩张的过程中，“示范建设”成为探索与职业教育属性相一致的高职院校组织模式的重要政策安排。通过“示范建设”，高职院校的组织特性回归“职业”，开始在“高等性”和“职业性”之间取得平衡。

21 世纪初的职业教育政策发展思路主要包括三个方面。

第一，增加职业教育的入学机会，扩大职业教育的发展规模。中职、高职在校学生人数分别占高校教育阶段和高等教育阶段在校学生人数的一半，即“两个一半”的规模。

第二，发展优质职业教育。一方面，公共财政加大了对职业教育的投入，加强了职业教育的基础能力建设，确保了职业教育质量所需的硬件条件，实施了职业教育培训基地建设计划、县级职业教育中心建设计划、职业院校教师素质提高计划、职业教育示范院建设计划。另一方面，要积极推进以就业为导向、以服务为主、工学结合、校企合作、兼职半读的人才培养模式，开展国家技能型人才培养培训工程、国家农村劳动力转移培训工程、农村实用人才培训工程、成人继续教育和再就业培训工程，确保更多人有接受职业教育的机会，同时还要确保合规性。

第三，建立中等职业教育贫困家庭学生支持体系，促进实现教育公平。我国中等职业教育在校学生中来自贫困家庭的比例远远高于高等教育贫困学生所占的比例，迫切需要得到支持。在 2005 年全国职业教育工作会议上，国务院首次决定在中等职业教育中建立贫困学生助学制度，成为政策的亮点。要建立贫困家庭学生奖学金制度、学费减免制度、助学贷款或学费延期支付制度。

近年来，我国的职业教育发展培训具有的新特点是与新的经济发展形式相适应的。党的十八大以来，职业教育是与普通教育具有同等地位的教育类型，《国家职业教育改革实施方案》中对职业教育发展提出了新的要求。

一是完善现代职业教育体系。完善学历教育与培训并重的现代职业教育体系，源源不断为各行各业培养亿万高素质的产业生力军。二是健全国家职业教育制度框架。启动“1＋X”证书制度试点工作，培养复合型技术技能人才。三是促进产教融合、校企“双元”育人机制，狠抓教师、教材、教法改革，打一场职业教育提质升级攻坚战。四是建设多元办学格局，着力激发企业参与和举办职业教育的内生动力。五是完善技术技能人才激励和保障政策，落实提高技术技能人才待遇的相关政策，健全经费投入机制。六是加强职业教育办学质量督导评价，建立职业教育质量评价体系，支持组建国家职业教育指导咨询委员会。七是做好改革组织实施工作，加强党对职业教育工作的全面领导，建立国务院职业教育工作联席会议制度。

新时代的职业教育政策具有一些新的特点。

第一，2021 年 10 月，中共中央办公厅、国务院办公厅印发了《关于推动现代职业教育高质量发展的意见》，提出新时代的职业教育政策确立以习近平新时代中国特色社会主义思想为指导，以习近平总书记关于教育的重要论述为办好新时代职业教育的根本遵循。新时代的职业教育政策以加强党对职业教育工作的全面领导、全面贯彻党的教育方针为重要思想。

第二，职业教育作为与普通教育平等的教育形式，属于教育的一部分。职业教育与普通教育的同等地位是具有重要意义的新判断。

第三，要形成共同推动职业教育发展的合力。各部门、中央以及地方应当做到协同发展，重视部门作用发挥也重视地方统筹推进，形成推动职业教育发展的新合力。达成这一目的需要加强组织协调，要落实中央关于加快政府职能转变的决策部署，加快与地方和各部门之间的沟通协调。国务院办公厅印发的《关于对真抓实干成效明显的方进一步加大激励支持力度的通知》将职业教育列入加大激励支持力度的重点内容，有相关的配套政策明确了地方应当采取的措施。

第四，要建立较为完善的制度和标准。要持续完善学校的各项办学标准，在学校课程设置、教师队伍建设、学校信息化建设等方面不断完善以达到标准化。

第五，推出一批有基础、可操作的重大项目。《国家职业教育改革实施方案》对每一项具体工作都配套设计了具体工程项目，以重点项目体现改革导向。项目设计既充分考虑已有的工作基础，也努力体现时代需要，包括中国特色高水平高职学校和专业建设计划、高水平实训基地建设等等。

二、我国职业教育的发展动力变化

我国职业教育的发展动力从20世纪80年代初到20世纪末主要由教育结构调整和经济推动，到21世纪初则主要由社会问题主导。两个不同阶段实际反映的是职业教育发展从“国家/政府”转向“以人为本”，更加关注国民的需求，强调以就业为主、以服务为主的职业政策导向，从重视职业教育的经济功能转移到了兼具经济和社会多种功能。2007年9月实施的中等职业学校家庭经济困难学生支援政策是中华人民共和国成立以来中职学校学生支援力度最大、覆盖范围最广的支援政策，具有促进社会公平的作用，这也是政府为促进教育公平而努力的表现。

我国职业教育发展具有利用市场力量和社会力量改变学校运营体制的明显特征。政策制定者们试图将职业教育定位为不同于普通教育的教育形式。从政府的角度来看，职业教育更接近市场，在运营中可以更多地采用市场调节机制。由于种种原因，市场机制未能解决我国职业教育发展中包括职业教育下滑趋势在内的诸多问题，反而引发了危机。职业学校的经营能力有限，没有国家资金支持，职业教育很难实现自我持续发展。市场调节机制既不能取代政府对职业教育的高投入，也不能实现公共资源的有效配置；市场调节机制不能促进职业教育和其他社会组织，特别是产业组织和企业组织的有效联合；市场调节机制不能有效地解决教育公平等问题。因此，市场调节机制并没有使职业教育机构摆脱困境，而是说明我们要依靠企业、行业举办职业教育，鼓励和支持民营职业教育的发展。与此同时，加强政府举办职业教育的责任，在政府干预和市场干预之间寻求适当的平衡，这一基调被公认为延续至今的成果。

第二章 职业教育网络化治理下的产城教融合布局

职业教育的目的是应用于实践当中。职业教育的网络化治理是一种与“互联网+”等新型战略结合的新型教育模式。在产学研结合的大背景之下，职业教育的网络化治理对于产城教融合布局有深远的影响。针对这个问题，本章主要论述了城市规划、产业规划与产业园区规划的网络化布局与职业教育网络化治理的园区规划两个方面。

第一节 城市规划、产业规划与产业园区规划的网络化布局

一、城市规划网络化布局

从城市总体规划角度来看，城市空间结构规划一般遵循以城市为中心的“节点型”布局模式，该模式以城市的等级规模为核心思想。对应这一模式的是“城市偏向”规划现象，规划主要将基础设施以及公共服务设施布局在城市中，乡村地区往往以质量较低的规划应对。这种“聚焦城市、削弱乡村”的以城市为主的规划模式，把城市和乡村看作机械割裂的独立体，是对城乡关系的错误认识。

近年来，未来城市研究和建设的价值取向是城市的可持续发展。目前，我们处在从工业文明向生态文明的价值转变过程中，要想拥有较高水平的城市环境，就需要坚持降低环境负荷，实现绿色发展。同时，城市形态受到智慧城市建设速度的影响，商业、交通、工作、教育等多个领域的形态和模式都在发生变化。在这种背景下，未来的城市空间形态主要表现为智能化和修身化。智能化是网络化的空间结构，修身化是紧凑的空间形态，这对掌握空间形态和改进设计至关重要。

城市治理能力是衡量新型城市化发展水平的重要标志之一。从治理效率和实际效果来看，现有的城市治理模式显然难以适应新型城市化发展要求，治理模式的转变势在必行。习近平总书记在中央城市工作会议上指出："要改善城市治理体系，提高城市治理能力。"我国正在经历历史上最大、最快的城市化进程，逐步实现从城市管理向城市治理的飞跃。

近年来，随着数字城市、感知城市、无线城市、智能城市等新概念的出现，"互联网+"也付诸实践，为解决城市治理的困难和问题提供了难得的机会。然而，"城市治理互联网"只是单纯技术层面的工具性应用，是城市治理的加法，本质上是一种物理变化。为了真正提高城市治理质量，必须建立基于"网络化的城市结构"的城市治理体系，使城市化进入更高的阶段。

构建网络城市是促进城市治理体系和治理能力现代化的重要举措，构建网络城市群是解决大城市病问题、促进城市转型发展、提高城市治理体系和治理能力的集中要求。

网络化的城市发展格局成为全球发展的普遍规律，建设互联网城市是尊重城市客观规律的必然选择。在技术层面上，我们要进行城市间、节点间关系研究观点的转换。城市网络理论与传统研究城市结构的垂直规模等级关系不同，主要用于解释城市之间的水平关系，如一些小城镇具有强大的影响力和服务半径很大的专业化生产功能。在这种情况下，交通规划、综合设施布局等方面可能会出现偏差。网络化的空间结构是大城市时空演化的高级阶段，网络城市是基于有形和无形网络支持、多中心、组群式、网络化、集中型的新城区。网络空间结构建设的两个基础：一个是节点——网络城市建设的基础，另一个是交通、基础设施等实体网络连接和信息金融等虚拟网络连接。

网络布局以功能联系为核心思想，将城市、农村、旅游目的地、矿区等人口集中活动区域纳入统一的空间体系，按照供需平衡的区分原则安排基础设施和公共服务设施，形成城乡融合发展的空间格局。

"网络化"布局模式的核心内涵表现为中心区服务范围的开放性、服务方向的双向性、服务功能的专业性。由于这种开放性和专业性，中心展现出"网络化"的发展格局。

在"网络化"布局模式下，中央服务范围是开放灵活的离散空间。仅考虑空间距离约束时，中心服务范围的主要服务距离遵循衰减规律，有效服务范围通常是连续的闭合区域。由于高速铁路、飞机等交通方式的变化，时间距离也成为影响人们到中心购买商品和服务的重要因素。而对中心的认识不同，心理距离也不同。因此，中央服务范围受到空间距离、时间距离和心理距离的共同限制。

在“网络化”的布局模式下，中央服务方向是双向的，可以在不同等级的中心之间提供产品和服务，较低级别的中心可以提供高级中心自己无法提供的产品和服务。随着城市化的发展，城市居民对新鲜空气、自然生态、乡村生活环境体验等的需求将不断得到解决，这种需求正是农村地区所能提供的，是乡村旅游与城市发展相适应的典型现象。同时，随着城市空间成本的不断上升，城市产业和资本面临“挤压效应”，向城市外转移，小城镇成为城市产业和资金转移的潜在目标地区，特色村庄的出现是相应的现象。

在“网络化”布局模式下，中央服务功能主导着多种专业功能。随着我国进入高质量发展阶段，区域垂直分工将加快，大多数城市将逐步从低级综合型中心向高级专业型中心转变。一个地区为了在市场上获得竞争优势，需要发展与自身要素结构相匹配的潜在比较优势产业，而不是建立庞大完整的产业体系。所以在大多数中心地区，走专业化道路比走综合道路要好。

第一，“网络化”的布局具有多节点、平整、平衡的空间结构。节点在网络城市中的地位不再取决于规模和等级，而是根据节点的特色功能和网络的控制作用，通过多个网络节点的连接和交互，形成网络化的空间结构。

第二，“网络化”的布局是一个对外开放的系统。互联网城市不是自主体系，而是全球网络系统的重要组成部分，拥有高水平的对外交通枢纽，连接着世界网络。依靠交通枢纽，节点城市嵌入全球网络系统，承担着更大的区域和国际化的功能，形成了对外关系的开放系统。

第三，“网络化”的布局需要网络设施支持和连接作为硬件保障。网络化设施是交通网络、供水、电力管道等实体网络和金融汇兑、信息交换等城市网络的框架和基础。

第四，“网络化”的布局需要综合城乡联系关系。互联网城市不再是城乡分离的模式，农村地区不仅承担农业生产功能，还承担技术研发、总公司办公室、文化创造、休闲旅游、养老服务等新功能，以“城乡共生单位”组织城乡空间。

如上所述，低级中心可以提供高级中心无法提供的产品和服务，中心地区在空间上可能有不连续的福利。这意味着，单一等级服务体系不能满足多样化、多层次的城乡发展需求。城乡共生单位人为打破单一等级服务体系，将城市、农村、旅游目的地、矿区等人口集中活动区纳入统一的空间体系，通过城乡安置之间的功能互补、相互促进、相互影响，促进城乡空间结构性增长，用“功能网络”优化城乡体系。城乡体系本质上不是阶层关系，而是功能关系。目前的城乡体系主要是在“等级规模”的思想主导下形成的，直接形成了“城市偏向”的政策倾向。“城市偏向”的政策倾向集中寻找和建设各级政府、各职能部门感兴趣的高级中心，对城乡住区之间的联系关注较少。在这种背景下，规划通常根据城乡居民区目前的人口规模、经济规模、产业规模等规模数据来确定城乡居民区的功能定位，对城乡居民区的人口素质、经济结构、产业结构等质量数据缺乏关注。因此，随着我国进入高质量的发展阶段，城乡体系的建设和培育应从“等级规模”的视角回到功能本身，构建功能互补、双向联系的横向网络体系。

第五，“网络化”的布局需要建立人与自然共生的生态环境。互联网城市将改变传统的单一城市蔓延的方式，网络节点将与绿色基础设施一起发展，拥有和自然共生的生态环境。

第六，“网络化”的布局需要制定网络治理结构，打破垂直型城市治理架构，精简优化管理层级。通过对话、协调、正式和非正式多方合作平台，建立更加扁平化的治理结构，不按水平和规模分配资源，将资源投入有发展前景的潜在网络节点，以“供求平衡”构成各种要素。过去，根据等级标准安排各种要素，城市公共服务不仅在规模上，而且在质量上远高于农村，这种等级差距的公共产品供给是城乡之间失衡的重要原因。按照以人民为中心的发展思想，城乡差别不应该是农村的生活质量低于城市，人口规模小并不是公共投入低的标准。

特色小城镇特别是旅游小城镇的网络化建设是更重要的部分。

特色小城镇网络化建设是指几个原本相互独立但潜在功能互补的小城镇，连接快速高效的交通走廊和通信设施，相互配合形成的富有创意的特色旅游小城镇的集合体。这对促进特色小城镇旅游资源联系、创造新的经济增长点具有重要的现实意义。

但特色小镇也有不可避免的问题。如果这些问题得不到妥善处理，将无助于网络建设，也无助于建立良好的可持续发展模式。如边缘小城镇分散、距离远、发展水平参差不齐，难以整合使其具备强大吸引力，地区发展不平衡，专业队伍未能有序合理地开发特色旅游路线，重点文化旅游事业的建设和特色旅游路线的开发不足。

文化与旅游产品的融合具有自愿性，文旅渗透融合还处于初级阶段。在旅游小城镇建设中，缺乏对深入挖掘少数民族文化精髓，缺乏乡土文化、民俗文化内涵的开发，没有有意识地将当地独特的文化要素融入特色旅游小城镇中。特色旅游小城镇缺乏特色鲜明的民族、民俗文化之魂。文化与旅游产品的融合度不足，创新性不足，没有形成完整的旅游产品系统。

同时，文化资源的保护工作在小城镇建设中面临着严峻的考验。

第一，由于外来文化的影响，一些特色小城镇的文化氛围遭到破坏，一些特色小城镇的文化内涵逐渐消失，独特的文化观念逐渐湮灭，无形文化的传承濒临没落，传统艺人的创作热情逐渐丧失。

第二，有特色的村庄在旅游开发过程中，在经济利益的带动下，有重新开发的现象。特色旅游小城镇的开发包括仿建筑建设、单纯文化资源建设、城市群内部特色文化资源不足整合等。文化资源保护是整个旅游业发展的前提和基础，当保护经济开发难以产生经济价值、再开发无法实现长期发展时，如何协调双边关系就成为旅游村“特色”发展面对的关键问题。

特色旅游小城市旅游产品开发是为了迎合大众的“快餐式”旅游体验，但忽视了当地文化遗产，各地旅游产品同质化现象严重。目前看到的特色旅游小城市大多是旅游产品的初级形态，特色小城市建设大多是单纯的机械复制，人工痕迹太明显，城市化倾向严重，旅游体验仅限于口号类型的宣传和农户、集市贸易等低端模式，商业化、娱乐化氛围浓厚，能看到、能留下、能玩的项目内容少，价值不足，无法形成“餐饮、娱乐、购买”一体化产业链。大部分游客很难有去过一次后再去或去下一个特色旅游小城市的想法，因此这种经营模式很难保持长期的吸引力，也无法达到良性循环的效果。要解决这种问题，必须坚持特色旅游小城镇的“网络化”发展框架。

中心城市对广大农村地区经济社会发展的综合推动能力有限，特色旅游小城镇网络化建设可以整合旅游产业空间资源，增强中心城市的网络节点辐射扩散能力，有效对接大城市和中心城市，促进城市群经济社会的高质量发展。

统筹规划公路、铁路、航空等配套交通网络，形成公路、铁路、航空立体交通和快速便捷的现代化交通格局，促进地区高速铁路网、省际公路网、城际铁路网、市域轨道交通网络的合理布局和有序发展，提高城际交通水平。努力解决交通方面的问题，在一级中心城市和二级节点城市以及各节点城市之间形成快速高效的“环线辐射”立体交通网络。

充分利用旅游数据库、动态监控系统、移动旅游应用等智能旅游建设，推进站内公共基础设施互联互通、站内农村旅游目的地互补互助，打破省、市、县、镇内信息岛和数字岛，形成基于基础设施、App 平台、应用系统的智能旅游体系。解决游客用户即时化消费需求、碎片化消费需求，根据站内 GPS 定位，根据消费者的“下一站”提供多种选择，在格局上实现多极化乡村旅游网络体系的发展，全面提高特色旅游小城镇旅游质量。

二、产业规划网络布局

产业互联网是“互联网＋”发展模式的深化。互联网紧密了人与人之间的连接，尤其是在消费者层面，更是形成了消费者网络。互联网将连接扩展到企业，形成人与企业的外部连接，这使企业的商品和服务信息能够迅速传达给用户。产业互联网可以进一步将连接从广拓展到不同产业企业，从深拓展到不同领域，围绕用户需求重组要素和生产运营模式，更有效地实现供需匹配。

从实质层面来看，产业互联网是从“流量经济”转变为“数字经济”的建设过程。其中，“流量经济”应对的是消费级互联网，是基本的、原有的互联网发展模式。产业互联网是指产业内各个环节数字化和数字化后的互联互通，将产业侧的“数据挖掘”和“数据应用”作为核心和重点，因此是“数字经济”。

产业互联网的市场与传统产业的单一市场有很大区别。产业互联网的市场是为了满足需求而融合了产业要素的市场。在智能供需配置器的支持下，可以对不同用户群体具有的共性需求的特点和趋势进行及时把握，从而指导企业协调内部生产运营并提供一致的供给，以前通过互联互通的方式，在产业间获取生产要素满足自身需求。

利用信息技术，将传统产业的物理产品与数字功能更加紧密地融合在一起。这将促进硬件产品趋于软件化、服务化，用户和企业都将持续保持连接和交互，将使用作为购买服务标准的方式广泛普及。

产业互联网作为新出现的事物，自然而然地具有一些优化的新特点。

第一，产品向数字化、软件化、服务化的方向升级。在数据和算法的支持下，人工和机器分工合作可以达到更高层次的协同水平，即人与机器工作的无缝衔接。许多过程性工作由机器负责，人更多地负责需要机器管理维护和创造性的决策工作。

第二，产业互联网本身需要构建灵活的、网络化、扁平化、自适应的组织。

产业互联网大大缩短了供给与需求的距离，但要实现供需的快速准确匹配，就需要建立更加灵活的组织。网络化打造的要求是在不同的组织之间，以信息化工具为平台和载体，进行实时的直接联系和沟通，充分进行交互。扁平化要求构建前端、中端、后端相结合的平台模式，借助机构间信息化工具实现实时直连和沟通，前端小团队灵活对接市场，中端综合技术和资源支撑，后端侧重于数据能力打造和管理决策水平提升。自适应指的是组织不固化，根据市场变化自主调整，具有变化的特点。

产业互联网只有覆盖产业链上下游的所有环节，才能更好地完成产业互联生态建设。但是在这一环节中，资本的万能性有所减弱，专业、技术壁垒层出不穷。俗话说“一寸光阴一寸金”，在这个风云变幻的时代，需要更加重视节约时间的重要作用和不可替代的意义。因此，加强对产业互联网的使用，租用成熟的互联网平台，是很多企业最合理的选择。

产业的数字化路径、产业生态圈的状态，可以更准确地将产业规划网络布局表达出来。

产业互联网不是一个特定阶段的发展形式，也不是一种最高的终极形式，而是一个动态变化发展、类型层次丰富、富有创新活力、聚合资源利用的垂直产业链领域的集合。

产业互联网是由互联网相关技术促进的相关多个行业重新整合、多个行业联合起来、具有某种同类属性的活动集合。

所谓产业互联网，就是互联网从营销端渗透到生产端，企业价值链的研发、设计、采购、生产、营销等各个环节放在网络化平台上保持供需一致，最大限度地打击信息不对称，这意味着原有的线性产业价值链将演化为网格产业生态圈，演化为以用户为中心的实时互联、高效合作的产业生态网络。

产业集聚网络化是指个体行为主体在创新资源相互作用和协同创新过程中，形成相对稳定的正式和非正式关系总和，其基本构成要素包括网络主体，即构成网络关系的主要节点；网络对象（流经网络的创新资源）与网络关系——网络各节点展开创新资源交换与集成的关系链。网络主体是网络关系的节点，主要包括企业、高校或科研机构、政府或公共部门、金融机构和中介组织等，这些网络节点各自掌握着不同的资源，在资源交互过程中起着不同的作用；网络对象是网络中流动的资源，主要包括科技人力资源、科技财力资源、科技物资资源、科技信息资源及科技组织资源等，各类资源在集群网络中不断流动，其数量和质量影响着网络的运行和完善。成功的网络包括产业集聚区内的市场网络、社会文化网络和个人关系网络。

一个地区的产业集聚网络化具有复杂的网络特征，主要包括以下几个方面：

第一，组成部分的复杂性。复杂网络主要是具有复杂拓扑和动力学行为的大型网络，是由多个节点通过边缘相互连接而构成的。这些节点是不同的企业、不同的网络可以通过同一节点交换信息，进行各种交易。网络化产业集聚构成要素的复杂性主要体现在成员的多样性上。成员多样性是指网络成员异质性及其数量和地位的差异。从纵向看，产业网络成员有产业链上的上游企业、中流企业、下游企业；从横向看，产业网络成员有产业相关竞争企业和互补企业。

第二，成员联系的复杂性。节点与节点之间的连接多样性决定了网络化产业集聚的成员之间的连接复杂性。复杂网络由活性节点构成，各节点具有不同的特性，非线性地进行状态转换。另外，节点之间的连接内容多样，连接结构立体动态。这一特征决定了联系的多样性是指网络成员之间联系的异质性及其数量和分布的差异。从纵向看成员之间的联系有供应链关系，从横向看成员之间的联系有竞争和合作关系，从环境看成员之间的联系有服务关系。产业网络中各种类型的联系因成员数量而异。

第三，相互影响性。各种复杂的网络相互连接，以复杂的耦合方式相互作用，影响各自的行为模式。网络化产业集聚区内部有不同的网络，有经济网络、生产网络、社会网络等，经济网络植根于社会网络，受社会网络的影响；市场网络是集群其他网络的支撑和载体。社会网络基于产业集群所在地区的社会背景，社会背景决定社会网络的初始社会资本。这些网络相互影响、相互渗透。另外一个特点是不同的产业集群网络相互影响，同一产业集群内有不同类型的产业集聚网络，这些不同的产业集聚网络相互影响和渗透。

网络化产业集聚不仅是产业集聚的一般特征，而且其具有的自身特点也会带来网络化的效果。产业集聚网络化在城市群建设中的作用主要体现在以下几个方面：

首先，加快形成区域网络化组织。

产业集聚化有利于促进经济网络的形成。经济网络是产业集群网络体中最外层的一级网络，产业集聚区内各企业、机构之间的联系多以经济网络的形式出现在外部。从经济网络的角度看，企业之间的联系有两种，一是基于分工和交易的合作，二是基于资源和技术共享的合作。分工合作一般以价值链上的统一产业和服务为中心展开，不同企业、机构之间的产品、资金、技术信息在价值链上移动。网络化产业由于不同企业处于不同节点，超越了企业配置资源的企业边界限制，实现了资源在更大范围内的配置优化，提高了资源配置效率。

产业集聚化有利于加快空间网络的形成。空间网络是其他网络的载体，空间网络和经济网络是相互共存的作用。在我国特殊国情下，基础设施和城市化进程具有与经济网络建设相互共存的作用，一般基础设施建设必须在经济网络形成之前建设，作为区域产业集聚区的网络建设，空间网络建设必须有突破，因此经济网络的形成及其产业集聚网络化的形成，可以加速空间网络化的形成。

其次，加快集聚区内创新。

互联网产业集聚区内各行为主体——企业、高校、科研机构、地方政府等组织和个人在互动与合作创新过程中，相互建立了各种相对稳定、能够促进集群创新的各种正式和非正式关系。其中，正式合作网络是区域创新的主要形式，这种形式的网络传播和扩散的知识和信息以编码形式为主。非正式关系网是区域创新网络的重要组成部分，这种网络形式可以有效地传播隐性经验知识。

最后，促进产业融合。

当今产业融合可以加快产业升级，形成新产业，为区域经济发展带来一定作用。网络化产业集聚可以带来不同产业之间的相互影响，刺激不同产业在技术、设计、市场上的交流点，进而促进不同产业之间的融合，形成新产业，带动经济发展。

新的科技革命和产业变革深入发展，使全球产业链、供应链加快重构，疫情也加快了新技术的应用。中国政府大力推动产业互联网发展，加快制造业数字化、网络化、智能化进程，催生智能制作、个性化定制、网络化合作、服务化扩展、数字化管理等新功能。新的科技革命和产业变革给许多行业带来了非凡的影响，同时开辟了新的赛道，为全球企业和国家提供了“超车换道”的契机。特别是在一些技术路线和竞争规则还比较空白的新兴领域，全球产业链、供应链的重构正在加快。

三、产业园区规划的网络布局

联合国环境规划署（UNEP）认为，产业园区是几个企业聚集在广阔土地上的区域。它具有以下特点：开发大面积土地；大面积土地上有多个建筑物、工厂以及各种公共设施和娱乐设施的常驻公司；对土地利用率和建筑物类型实施限制的详细区域规划，对小区环境规定了执行标准和限制条件；为履行合同协议、控制和适应公司进入园区、制定园区长远发展政策和规划等提供必要的管理条件。

产业园区是落实城市产业功能的重要空间形态，园区在改善区域投资环境、引进外资、调整产业结构和促进经济发展等方面发挥着积极的辐射、示范和引领作用，成为城市经济腾飞的助推器，产业园区主导产业不断由传统产业向高新技术产业转型，也成为未来产业园区规划和发展需要注意的内容。

产业是支撑经济发展的核心和基础，产业园区是产业增长的主要平台和重要基地。产业园区的发展与中国40多年的发展密切相关，可以说产业园区是随着我国改革开放而诞生、成长和发展的。当前，产业园区已经成为我国经济发展的重要引擎，各类产业增长的重要平台，是我国新型城市化建设的重要途径，同时也是我国参与国际经济竞争的主战场。

产业发展为城市空间结构建设、经济效益和生态效益统筹优化等工作提供了重要作用。对中国大部分重视第二产业的城市来说，产业园区是城市发展的“基础设施”。

第一，产业核心驱动力由外力（优惠政策）向内力（技术或财富）发展，由政府招商向开发、运营、产业驱动思维转变。

第二，随着产业园区走向综合城区产业园区的演化和发展，园区承载的功能越来越多样化，大量的城市要素和生产活动在区内并存聚集，推动产业园区城市化进程，园区经济与城市经济逐渐走向融合。

第三，产业结构转型升级，不仅从中国制造到中国创造，提高了质量要求，更注重产业园空间发展，还强调空间与自然融合，创造了产业园区可持续生态发展。

第四，依托科技、互联网、大数据发展，产业园区将注重深度链接，发展成为智慧化大平台。在政府政策的制定、开发商的运营方面有更多的反馈和交流。中国城市经过几十年的高速发展，无论是城市建设设施，还是城市生活，都发生了巨大的变化，智能型、舒适型、服务型已成为新型产业发展的重要方向。新一代产业事务将运用5G、互联网、VR等现代科技手段提高服务水平，实现服务模式创新，为产业发展、企业沟通、政府支持、人才交流等提供技术支撑。

重视构建相关产业链，形成产业生态系统。产业园区除强调生产型企业的上下游产业链外，还引进相关产业完善产业生态系统。例如，通过金融、商务服务、咨询等相关企业的加入，强化资金链、服务链、人才链、创新链等，扩大产业协同效应和集聚效应。

第五，从产业转型、城镇化增长向存量转型，对现有产业园区进行改造升级。目前，存在产业布局趋同、特色不明显、主导产业不突出等问题。分析认为，产业园区缺乏精准规划，产业配套跟不上，难以推进产业园区招商工作，项目效益生产率低。因此，应走向精细化发展道路，重点发展主导业务，加强园区产业定位和产品、服务精细化管理，完善园区配套建设和服务体系，提高土地利用率，提高个别项目效益，创造品牌效应。

相对于传统工业厂房的改造转型，以现代城市生活为核心，向文创园、社区商务等多种城市配套功能转型。随着产业转型的深入，必须审视传统产业园区的发展模式，以建设产业与城市融合的新城为目标，从传统单一生产园区升级为产城融合的现代产业园区。

绿色发展一直是时代发展的主流理念，产业园区的发展必然要与绿色发展理念相结合，建设绿色生态产业园主要有三个层面。首先控制绿地面积和产业面积的占有率，尽可能实现原始资源的二次利用。其次要尊重生态和自然，重视原始自然空间的保留、保护和利用，在此基础上建设与自然生态相结合的空间。最后运用先进技术、理念建设绿色建筑。

第二节　职业教育网络化治理的园区规划

一、职业教育数字化本身的影响

加快职业教育网络化的进程在提高职业教育管理体系水平，促进管理能力现代化发展的过程中起到重要的作用，对于推动职业教育高质量发展，促进人的全面发展和社会进步有不可替代的优势。

用数字思维重塑职业教育生态在数字职业教育发展的过程中具有第一位的地位。网络化职业教育是大量利用新一代信息技术取代传统教育技术和教育方式的新型模式，实现“高效无纸化、零距离交流”的新型育人模式，打破了传统的学校、地区等对教育体制的束缚。网络化技术是重要的应用工具，也对于原有教育体制上存在一些的问题细微之处进行修补。网络化教育技术应当是通过网络化思维重塑教育生态整体系统变革的契机，而不应该成为网络化与教育的简单叠加。

网络化是职业教育不断适应当前经济等各方面发展的重要结果。广大职业院校应当将网络化作为职业教育发展的重要契机，将传统职业教育与新型信息技术之间的结合作为重构现代职业教育高质量发展体系的重要一步。运用网络化思维，系统规划和推进职业教育以改革发展，建立健全职业教育现代范式，以与快速发展的市场需求和人才多样化增长需求相适应。

职业教育人才培养不断趋于高端化、多元化，为受教育者提供了多样化的发展机会。职业教育的育人观念应当结合信息时代人才需求进行积极的更新换代，将职业教育多重价值追求落到实处，根据多样化人才质量观念，培养大批中高端人才，为未来高端产业和产业的高端化发展服务。

职业教育管理体系的网络化程度加强。在新一代信息技术的基础上，职业院校要不断将网络化管理的思维方式融入职业教育管理、决策和评价之中，以达成个性化、精准化的信息智能推荐服务为目标，增加对云计算、大数据等新技术的应用，重视数据分析的作用。

坚持管理的核心是数据这一重要理念，努力构建“互联网＋”环境下人才培养新模式，发展基于网络的教育服务新模式，探索信息时代教育治理新模式。

2022 年 3 月 28 日，国家智慧教育平台正式上线，其中包括了国家职业教育智慧教育平台这一组成部分。国家职业教育智慧平台的建立，是国家层面重视职业教育网络化治理的表现，是职业教育网络化的重要载体。

国家职业教育智慧教育平台有专业与课程服务中心、教材资源中心、虚拟仿真实训中心、教师服务中心 4 个板块，目前平台有 17.8 万多门教师自建课程，涵盖国家级、省级以及校级重点课程，按照不同的专业有明确的分类。

国家职业教育智慧教育平台体现三种模式创新。

一是传统管理模式的创新。新技术不断升级，对职业教育现代化管理体系和管理能力提出了更高的要求。网络化转型升级有利于职业教育提升数据分析应用的力度、深度、有效性，实现个性化、精准化资源信息的智能推荐和服务，对于管理人员和决策者，网络化转型升级是及时、全面、精准的数据来源，有利于职业教育的网络化进程新模式发展，有效改善原来的管理部门数量多、工作步骤不明确、信息传递有误差等问题。

二是传统评价模式的创新。教学评价的科学性不足、反馈作用不充分的状况是长期存在的。通过网络化评价技术和手段，实现学生学习行为的全数据采集分析，实时评价学生的认知结构、能力倾向和个性特征等，构建注重学生核心素养的教学测量与评价体系，实现实时采集、及时反馈、及时干预，实现学生各方面综合能力的提升。

三是传统学校模式的创新。在数字时代，职业院校不再局限于传统的“围墙”之内，实现了由传统学校向技术技能学习的转变，其形式不断丰富和完善，时间不断宽松化，内容更适用于学生所需，为学生提供了网络化开放教育和实训环境。此外，数字技术还可以打破城乡之间、地区之间、校际之间、师生之间优质职业教育资源不平衡、不充分的状态，减少信息鸿沟。

具体到建设内容，国家职业教育智慧教育平台由 4 个模块组成。

第一个模块是“专业与课程服务中心”，为学生享受优质便捷的职业教育网络化资源，提高职业教育网络化资源的使用效率提供了便利。这一开放式的教育平台，不仅服务于职业教育师生，也能为对课程感兴趣的社会人员提供信息。

第二个模块是“教材资源中心”，适应了职业教育教材的开发、选择、监管、评价等需要，是课程教育资源的补充和开发利用。

第三个模块是“虚拟仿真实习中心”，满足职业教育实习教学、技能鉴定、竞赛考试等应用需求，打破了技能学习和考试的时空界限。

第四个模块是“教师服务中心”，优化职业教育干部职工培训内容，提高培训质量。

这 4 个模块通过一站式检索和监测运行分析两个二级模块，既满足教师教育网络化、学生学习网络化数字资源的需要，又为职业院校的专业建设、教学改革服务。

概括来说，有以下 3 个特征。

一是多主体开发建设。平台资源的开发主体包括优质职业院校和优秀企业，二者联合开发的标准化课程、示范课程及各类拓展资源，充分体现了职业教育“产教融合、校企合作”的办学特色。

二是应用的范围广泛。平台资源基于粒子化的开发供给，教师可以直接使用其中的标准化课程。它还可以自行编辑课程内容和拓展资源，形成适合学生学习的个性化课程，促进因材施教，保证教学效果。目前，平台上教师自建课程已超过 17.8 万门，可以较大规模地实现因材施教，培养技术技能人才。

三是多层次服务。在提供丰富多样教育资源的同时，坚持讲练结合的原则，所有资源同时设计练习、复习、随堂测试等，学生可以通过平台进行自学和学习自检。平台可自动记录学生的在线学习、课堂对话、课后复习数据，从而计算出学生的知识掌握率、课堂对话率、教师响应率、在线活动率等，是量化的数据支持，有利于教师进一步优化教学效果。资源使用数据、教育反馈情况等还将为教育行政管理部门等提供多维数据分析服务，有利于职业教育现代高质量体系建设。

具体举措上，“国家职业教育智慧教育平台”分三期建设。继专业和课程服务中心上线后，2022 年 6 月底完成其他各中心的开发和上线，12 月底完成平台各项规划功能的开发和上线。

一期在线专业与课程服务中心包括专业资源库、在线精品课和视频公开课三个模块。其中，专业资源库模块以专业为单位，为各类学员和教师提供系统完整的专业课程资源和学习包，包括全国优秀职业院校、优势专业校企合作、示范课程和各种拓展资源。教师也根据需要选择和编辑课程资源，优秀职业院校网上精品课模块覆盖所有行业门类，汇聚职业教育领域优质 MOOC，是教师授课和学生学习的重要外部资源。视频公开课模块基于职业教育国家级获奖项目的课程资源，为职业院校提供新的课程选择和教师教育的材料选择。下一步，加快推进网络化，落实工作任务，围绕“优质教育资源共建共享平台、学生学习与交流平台、教师教育与备课交流平台”的目标，建设虚拟仿真培训中心、教师能力提升中心、教材资源中心。

一是丰富资源供给，构建更加完善的国家、省、学校三级互补优质专业与课程资源共建共享体系。

二是开发搜索引擎，建立基于大数据和人工智能技术的资源库网络化学习资源搜索引擎和智能资源推送服务，促进教学资源打破地域壁垒，跨平台、跨学校、跨区域的应用。

三是加强应用监测，建立专业和课程资源完善的监测机制，科学引导资源的开发、更新和淘汰。

职业教育各在线平台也得到了良好的发展。近年来，随着社会的进步和时代的发展，职业教育的重要性更加凸显，政府高度重视职业教育的发展，社会对职业教育的认可程度显著提高，职业教育的发展也构成了我国构建和谐社会的重要内容，颁布实施了《国家职业教育改革实施方案》等系列文件，关注职业教育改革的发展现状。成人在线教育作为职业教育细分领域，近年来借助国家职业教育奖励政策的东风，乘势而上，受到越来越多的人的关注。

职业教育是对普通教育的良好而有力的补充，特别是随着现代技术的更迭和市场需求变化的加快，职业教育在我国教育体系中发挥着越来越重要的作用。在疫情流行的环境下，职场人学习第二技能，提高自身竞争力也成为越来越多的人的选择。同时在居家工作常态化的情况下，开始改变传统职场工作形式的人也在增加。

我们国家也意识到了职业教育的重要性。国务院发布的《关于推行终身职业技能培训制度的意见》旨在解决职业教育长期存在的供给不足、水平低、个性化和可扩展性服务不足的问题。

网络化的职业教育，尤其是成人职业培训与互联网紧密结合，是有利于发展的长期道路。

从生产力和发展的角度来说，教育永远是最好的投资。教育给当地经济带来的产业能源和人才培养是持续和长期的。

在中国，经济发展的变化意味着作为微观经济细胞的每个人都可能需要一次或多次职业教育来提高自己。网络职业教育的现代性在于提供高质量的教育资源，用互联网思维和技术实现知识和技能的传递，加快知识传播速度，其便利之处在于根据学习者的需求制订学习计划，根据需要选修课程。更重要的是，网络教育共享优质教育资源，促进教育公平。

网络教育正在把陷入教育贫困的人们从泥潭中拉出来。互联网在平衡地区消费差距的同时，也拉平了教育资源。知识经济时代，新的相互关系正在形成。在线教育使培训摆脱了地域空间的限制和束缚，盘点在线教育机构的所在地，可以看到另一张关系到中国经济发展的地图。日前发布的《在线职业教育课堂2021 中国职业技能在线培训迁移大数据报告》，以大数据的形式呈现了 2019—2020 年度网络职业教育供求方向，也折射出中国经济的地域特征。网络教育数据体现了一定的人才供给区域特征，在产业发展红利期，教育机构与产业发展之间相互促进，培养的职业人才形成集聚效应，最终推动当地产业和教育机构双向发展。

教育越来越受到社会的广泛重视，职业教育在当前就业多样化、就业压力明显的形势下变得越来越重要。职业教育与学历教育不同，虽然没有强制压力，但受到市场需求变化的推动，在线职业教育与严格管理的在线学历教育基础设施基本相同，同样具有网络时空无关性，能够实现教育内容边际收益最大化，短期形成规模，容易走向资本市场，给资本最大的回报机会。

网络职业教育的核心在于“师”，网络职业教育课堂引领高校、机构、企业等生态合作伙伴，首先进行培训内容变革，保护版权所有者。为了让“学生”认可在线职业教育课堂这个平台，在线职业教育的方法是利用在线职业教育自身的数据库和技术优势，使在线课程的互动功能接近离线模式，提高在线学习体验。例如，网络职业教育课堂针对学习中的不同环节建立了具体的评价标准，建立了交付能力评价，完善了一系列的用户保障计划。但最重要的是“课堂”，是更贴近用户，也提供给用户更完善的教育产品。在线职业教育教室中聚合机构、高校通过产业上下游的生态链，生产要素通过互联互通进行重组分配，保证了在线职业教育课程内容的不断更新迭代。这一系列组合带来的好处是，好的机构、高校资源被引入到这个行业，利用线上职业教育课堂本身的流量，在扩大招生、降低机构客流成本的同时，让这些优质内容在行业中突出，并且不断呈现积极的发展趋势。

但同时，我们也要看到，以资本为导向的在线职业教育是以资本需求为导向发展的，而不是以职业教育的消费者需求为导向。因此，出现了在线职业教育内容的同质化和狭窄化。

职业教育可以简单地分为学历职业教育和职业教育培训。职业教育培训在重要文件中也有相关表现，是奖励的方向。目前在线职业教育最能复制的是考证，但简单考证并不一定符合职业技能培训的奖励方向。因此，未来在侧重职业技能培训的同时，可以利用一些先进技术实现标准化、规模化、低成本，必须在商业模式、在线技术和领域选择等方面取得突破。随着经济的发展，中国也进入了信息化、智能化的时代，电子信息技术、互联网等新兴技术不断重复，职业教育在政策监管和大力支持下蓬勃发展，无论是平台机构还是参与其中的个人都能从中受益。

加快职业教育网络化步伐是提高职业教育管理体系和管理能力现代化的重要举措，是推动职业教育高质量发展的必由之路，也是促进人的全面发展和社会进步的必然选择。

二、职业教育网络化与产业园区分布

职业教育网络化是目前职业教育发展的基本趋势，也是职业教育获得进一步发展的必经之路。促进职业教育网络化发展真真正正地落到实处，必须注重产业园区的建设。

产业园区的发展经历了如下几个阶段。

第一阶段是工业园区。工业园区位于远离城市的地区，不是城市空间的一部分。但是工业园区是城市生产的重要组成部分，是一种有效促进产业集聚、形成协同效应的产业发展模式。在我国工业经济发展方式由粗放型向集约型转变的过程中，工业园区发挥着举足轻重的作用。经过工业发展的初级阶段，人们认识到，粗放型的发展道路已经不适应新形势下工业园区的发展要求，单一的效益价值取向已经弱化。工业园区的空间形象不再是附属品，具有鲜明统一特色的产业园区形象也可以成为经济发展的增长点和企业竞争的闪光点。

注重物理空间形象引导的城市设计，偏向于一个城市的重点地段和特色地段，对以工业生产为主的棕色地段似乎重视不够。缺乏整体空间形象引导的工业园区一旦建成，其建设改造的不可逆性和环境修复的艰巨性必将阻碍工业园区的发展。工业园区具有很强的功能定位，其开发建设的最终目的是促进生产。基于功能设计的设计原则决定了其不同于城市其他功能区的城市设计特点。

工业园区作为一个效率和功能的场所，本质上是工业生产的空间载体，是地方政府根据城市发展规划和区域特色经济形成的具有一定规模的产业、企业、产品、原材料市场、专业营销团队等产业链的聚集地。

一般来说，大型工业企业使用的土地包括生产区、办公区、研发中心、仓储区、附属区、宿舍区，其中生产功能为主导功能，占地面积超过一半。不同类型的工业企业有不同的功能布局模式和地块大小，但都是以简单流畅的功能布局为目标，要求分区清晰、结构简单、布局合理。

工业景观的物质元素包括工业设施、工业车间、办公楼、环境小品等。工业园区应创造宜人、优美、时尚、有文化内涵的环境景观，体现工业社会和技术美的品牌。每个企业的内部环境景观都可以结合自身的技术特点，融合自身的企业文化来塑造。

工业园区旨在追求便捷高效的道路交通系统，依托区域对外交通干线和交通节点布局，降低运输成本。工业园区的交通网络主要以“井”字形网格布局，形成几何城市肌理。同时，工业区的交通特性衍生出不同道路景观设计和景观元素的差异，有效的交通分隔组织和相应的空间引导成为设计中重点考虑的因素。工业园区遵循“形式服从功能”的现代建筑设计原则，其特点是简洁、明快、凝重、大气。不同类型的工业园区有不同的建筑肌理，不同地段的工业园区建筑特色也要与周围环境相协调。

工业园区的新发展趋势是低碳化。自 2010 年以来，国家出台了许多鼓励绿色低碳工业园区建设的政策，包括在生态工业园区发展低碳经济、建立绿色制造体系、组织工业园区循环化改造、开展工业园区碳排放评价试点等。大量的工业园区成为实现碳减排的关键。通过提高可再生能源消费比重，低碳产业试点园区加快了钢铁、建材、有色、石化、化工等重点耗能行业的低碳转型。低碳产业、低碳能源管理和低碳技术研发将是工业园区绿色低碳转型的重点实施路径和发展方向。中国的绿色低碳园区主要有国家生态工业示范园区、绿色工业园、低碳工业园、碳排放试点工业园、循环转化园区、绿色园区等。

新型工业园区的要求是充分考虑城市特色，城市经济发展的重点与城市形象展示相结合的新地区，为投资环境与就业环境的改善提供有效的支持，提升工业园区的整体品位。通过对园区自身以及周边环境、景观、资源等方面的充分把握，明确园区的潜在优势，按照构建园区空间框架、构筑园区景观风貌和空间体系、完善绿地系统建设的步骤不断促进工业园区与城市特色相结合。

职业教育的网络化程度不断提高，是促进工业园区管理和生产不断科学化、技术化的有力手段。

职业教育网络化是工业园区开发和设计优化的重要支持。职业教育网络化，网络实训基地增加，有利于工业园区开发和设计不断优化，成为适应网络化发展新趋势的新型工业园区，利于工业园区的长期发展。

职业教育网络化为工业园区输送了大量合格毕业生，降低了工业园区的网络化培训成本。工业园区与职业教育有密切的关系。职业教育为工业园区中的企业输送了大量的毕业生作为合格的劳动力，工业园区的发展进一步带动产教结合的水平提升，有利于产业与教育共同发展、共同繁荣。

职业教育网络化对于工业园区的低碳发展有积极的影响。工业园区应当根据清洁生产要求、循环经济理念以及工业生态学原理，坚持利用物质或能量流传递的方式寻求物质的闭路循环，实现能量多级利用，最大限度减少废物产生，减少碳排放，保持可持续发展，达成低碳发展的产业集群新模式，坚持绿色发展的要求。这种模式下，园区内部的统筹管理和协调发展是重点之一。职业教育网络化有利于提高毕业生对于新发展模式的认识，增加毕业生处理与新发展模式相关的业务的能力。

第二阶段是产业园区。产业园区的发展与城市有一定的配套，这种新型产业发展模式与产城融合的概念密切相关。

要建设产业发展和城市规划相互促进、生态化、集聚化、完备化、融合化的产业园区，就要从原来的单一运营模式向“产城融合”模式发展。产城融合是指产业和城市相互融合发展，建设上城市基础以产业为发展保障的发展格局，实现产业中心城市的更新和互补服务，解决产业园区空置率高的难题，推进城市化建设。产业园区有利于集群发展、凝聚力的增长。产业园区的定位和规划需要遵循未来城市发展的诉求，不断促进园区的智能化、运营管理的信息化建设，完善配套设施服务，创造创新的产业生态系统，集聚高端产业，实现园区发展，助力共建未来高地。

产城结合是共享资源和服务平台。产业园区的内部规划不能再局限于简单的空间结构，而应围绕企业和人才的需求，搭建深度服务，共享资源的平台，支持企业和创新人才共同成长。构建综合生活服务体系，满足产业园区人才的工作、居住、休闲需求，形成良性循环的产业生态性。

产业园区可以充分发挥周边交通枢纽、生态人文景观、多元的现代化配套、行业龙头企业的优质资产团优势。充分发挥优质企业人才政策、吸引园区“产业”、吸引人才的新优势，使产业园区成为适合居住、投资的现代大都市。

产城一体化的目的是实现高度融合和持续发展。面对未来的发展，无论是城市还是产业新城，都不再是个别发展的，城市规划配套符合产业发展，产业规划发展嵌入城市发展，产业与城市高度融合，相互促进，共同走向高质量发展的时代。

在当前经济迅速变化的情况下，新产业、新模式将不断出现，这些新产业的形成将有自己的研发，不仅要不断提高投资水平，还需要以城市为基础的支持服务，要建设具有自身特色的生态居住环境。

在这一阶段，职业教育网络化具有重要的作用。职业教育网络化与产城结合互为表里、互为支持。

职业教育网络化是产城结合的有效支持。产城结合离不开“互联网＋”等新兴技术的支持，职业教育网络化增加了信息科技在职业教育之中的比重，有利于提升学生对于信息技术的掌握能力，提升学生的信息技术水平，是产城结合信息技术长期稳定运行和发展的有力技术支持。

产城结合对于职业教育网络化有积极影响。产城结合需要大量的智能化、运营、管理方面的人才，是网络化的职业教育培养的人才的良好就业去处。产城结合有利于高端产业不断集聚，为职业教育网络化提供高质量的实践基地，提升了职业教育学生的实践能力。

第三阶段是产业社区。从产业社区的定义来看，它是以产业为基础，城市生活功能、产业要素与城市共同发展的新型产业聚集区。目前，成功的产业社区不仅是复合产业集群，也是以生活为导向的“城市区”。对于城市的整体发展来说，这些产业社区已经不是工业用地了，而是城市局部综合开发的新能源。

首先，产业社区的空间更开放。产业社区既然城市化了，空间的开放性将比以前的园区高得多。开放性创造了人人都能参与的社区环境，进一步激发了产业层的创新力。抛开传统公园封闭的发展理念，产业社区更加强调空间的开放性，使产业社区内部要素和外部环境的交换、交流，地理界线也因此逐渐模糊，营造产业社区氛围。

除了配备硬件设施外，产业社区还应更加重视社区氛围的营造，要求加强区域创新机制的建设，激发创新动力。加强社区管理，建立与企业的深度互动，为产业发展创造良好的生态环境，构建完善的服务体系。坚持以人为本的理念，重视产业社区物理空间的设计、居住便利的建设等。

其次，产业社区的社区化更突出，对于产业社区的交流能力提出了新的要求。产业社区是围绕产业人群偏好，定制工作环境，人流聚集，发生交流的场所。通过互联网、大数据等新一代信息技术，产业社区在产业发展、企业沟通、人才交流等方面提供技术支持，形成人流、物流、资金流、信息流交织的网络，产业社区内外的交流更加频繁，进一步刺激产业创新发展。

再次，产业社区的功能更多。产业社区不仅是工作场所，也是生活场所。因此，它具有商业、休闲、教育等生活辅助功能。

加强生活设施建设，提高产业空间和城市空间的适宜性是产业社区的要求。加快人才公寓、大型超市、品牌商场、电影院等生活配套设施建设，增加公共娱乐设施，提供居住、饮食、购物、娱乐、休闲等功能。增加教育、医疗、体育等设施场所。

最后，产业社区的产业链更加集中。产业社区的科学创造属性更多地关注产业链最核心的部分，即生产、学习、研究整合的前端，形成以创新为核心的产业生态系统。重视产业链类型开发和产业生态建设。产业社区不仅是空间上产业资源的简单集合，而且是产业链上下游资源的补充，是产业链的各个环节有机结合，更加重视将生产的各个部分有机地联系起来。加快引进创新科研平台、信息咨询、金融业务等企业，促进产业链、价值链、创新链、资本链的整合，形成有序的产业生态系统。

建设产业创新中心。积极部署生产、学习、研究一体化的发展模式，加强科研人员、高校、企业三方之间的合作，统筹创新主体的利益诉求，打破三方主体的合作桎梏，构建创新生态。深化与国内外创新主体的合作，整合国家和地区创新平台，建立长期稳定的合作创新网络，促进技术创新成果转化，传播新技术和新模式，培育新形式、新产业。

产业社区的建设对于职业教育网络化不仅是机遇，而且是挑战，需要职业教育网络化不断适应和发展。

产业社区对于职业教育网络化有积极的影响。第一，产业社区发展为职业教育学生提供了更多的实习和工作机会。产业社区是不断扩展的，需要大量的维护和管理人才，也需要受过一定教育的劳动力。第二，产业社区要求建立产学研一体化，职业教育的理论和实践不断完善，职业教育的网络化程度也会相应提高，是良性循环。

产业社区也对于职业教育网络化提出了新要求。职业教育网络化的程度如果不够，提供的劳动力就难以满足产业社区需求，产业社区的劳动力需求得不到满足，是恶性循环。

因此，产业社区的建设应当与职业教育网络化进程紧密结合，充分发挥网络化的职业教育输送人才的能力，提高人才各方面的能力，实现网络化的全方位发展。

第三章
职业教育网络化治理下的校企合作办学模式

职业教育校企合作是促进职业教育发展的重要方式之一，对于职业教育的网络化水平不断提高有着不可替代的意义。校企合作办学模式无论是在国内还是国外，都有较多的实践经验，是指导职业教育发展提升水平的重要路径，对于职业教育不断发展繁荣有积极的影响。在职业教育网络化的大背景之下，职业教育的校企合作重要性不断提升。本章主要从什么是职业教育校企合作，职业教育校企合作的理论基础，网络化治理大背景下职业教育校企合作的几种常见模式等方面进行论述。

第一节　职业教育校企合作概述

一、什么是校企合作

经济进入转型发展阶段，对劳动者的劳动技术和劳动能力水平要求越来越高，意味着职业教育进入了规模和质量兼备的发展阶段。但是我国职业教育借鉴了普通教育的教学理念和体系，长期以来人才培养目标存在不准确定位的问题，培养出来的学生难以适应社会经济发展的需要。针对这种情况，国家提出要加强学校和企业的合作，学习与工作相结合，提高职业教育人才培养质量。

作为人才培养的重要主体，职业学校要确定人才培养目标，积极调整人才培养模式，加强“三教”改革，积极适应校企合作，促进产业与教育融合，不断培养能满足现代产业发展需要的高质量、高技术人才，推进人才供给侧结构改革。

校企合作、生产与教育一体化是职业学校发展的重要实践，校企合作可以使企业通过职业学校培养急需的人才，学校也可以使毕业生实现高质量的就业。

职业学校只有走校企合作的道路，才能恢复生命活力，满足企业发展对人才的需求和人民群众接受职业教育的需求。

职业教育不同于普通教育。职业教育和普通教育是两种并行的教育体系，这决定了职业教育和普通教育在人才培养定位、人才培养模式、教育教学理念、方法上的不同。职业教育要培养学生的职业能力，为学生的生计和发展做准备，因此职业教育的人才培养目标是培养直接服务于社会生产建设的一线人才。

但是现代职业教育起步晚，借用普通教育的教育体系和理念，以学科教学为中心的教育课程，人才培养中庸、轻实践，培养的学生理论上不如普通教育，技术上不如学徒工。因此，受职业教育的学生学历水平低，没有技能，长期没有得到社会的认可。

因此，巩固校企合作是职业教育的必由之路。

职业学校要培养应用技术人才，服务于生产建设一线，服务于地方经济发展，必须与岗位能力对接，与企业发展需求相匹配。要分析工作能力，行业企业要求，业务流程导向，工作过程中知识的学习和构建、技能的掌握、能力的提高等。

经济的快速发展、社会变革的加快，对就业人员的要求越来越高，复合型高技能人才能够很好地适应就业市场的变化。企业只有将经济发展的载体、社会变化的风向标、校企合作、工学结合起来，才能解决人力资源供给侧结构性矛盾，培养真正的服务建设，满足人才培养服务地方经济发展，满足社会经济发展的需求的人才。人才培养模式涉及高职教育理念、办学方式、教学方法等多个方面，是一个系统的项目，今后还会有很多研究工作。但在构建与人才培养模式相匹配的专业教材体系方面、特色专业建设方面存在很大缺陷。选择什么样的人才培养模式应该与地区和专业相结合，探索合适的人才培养模式有助于提高职业学校教育质量。

一般来说，教育落后于生产，学校的专业设置往往是观察社会需要的专业人才，设置相关专业，教授学生相关的行业知识。但是今天的科学技术突飞猛进，日新月异，学生在学校学习若干年，掌握本专业的相关知识毕业后，学校学的知识可能已经落伍，不适应当代企业的发展。而且，学生对专业比较陌生，对企业更陌生。有些学生在学习本专业之前根本没有接触过相关知识，也不知道自己选择的专业到底能干什么。因此，要尽快让学生了解专业，树立正确的认知观。为了解决这些问题，最好的方法是让学生在校期间接触企业的先进应用技术，这样学生就可以学习适应时代技术发展的知识。实现这一目标最直接有效的方法是校企深度合作，使企业为学生提供学习平台，使学生及时掌握现代科学技术，为企业创造更大价值。

校企合作要双方互利共赢，企业也可以从合作中受益。人员流动大是企业常见的现象，很多企业经常因员工辞职等一些问题进行招聘，而社会上招聘的人员专业性不好，需要长期的培养过程。通过校企合作，以“现代学徒制”“订单班”等形式根据企业要求培养的学生专业性强、工作扎实、上岗能胜任工作、人员流动小。这样可以实现企业稳定发展，提高利润，还会对社会发展做出贡献。

推进校企合作有利于整合多方力量，并推进现代职业教育体系建设；有利于建立政府主导、产业引导、企业参与的职业教育机制；有利于深化职业教育校企合作，系统培养技术型、高级技术型、应用型人才，提高人才培养质量。

职业教育是我国教育事业的重要组成部分，是国民经济和社会发展的重要基础。职业教育要适应社会需求，必须培养适应现代社会发展的实用、功能型人才，教育过程要与实际应用相结合。

中共十九大报告指出，完善职业教育和培训体系，深化产业与教育融合和校企合作，建设知识型、技术型、创新型工人大军，弘扬劳动模范精神和工匠精神；为职业教育的发展指明了方向，规划了前景。深化产教融合，校企合作是职业教育发展的新趋势。校企合作可以以多种形式融合学校的理论和企业的现实，培养互利互惠、共同发展、综合素养高的人才，为社会和企业服务。校企合作应以校企双赢、相互尊重、相互信任为基础。确保职业教育课程满足企业技术人员的需求，提高职业学校教师的专业水平，为职业学校学生提供真实的学习环境，宣传企业职场的魅力。综合化的校企合作可以建立持久的伙伴关系，加强与职业教育的联系。完善的基础设施、教师的专业能力、代表性的合作项目是校企合作成功的前提。校企合作要实现社会需要的东西，与市场接轨，与企业合作，实现实践与理论相结合的新理念，为学生提供学习技能，提供获取知识的机会，帮助学生掌握就业及终身学习的能力，为企业提供适用的人才，使企业发展得更高、更强。

校企合作是人才培养的需要。职业教育的目的是为企业培养数量充足、结构合理、素质优秀的技能型人才，为经济社会发展服务。职业学校只有加强行业、企业经营、教育和生产劳动的结合，才能克服人才培养的经营模式和社会脱节的现象。根据企业对人才的需求，有针对性地确立教育目标，制定教学大纲，开发课程体系，选择教材等，才能建立以能力为主的教育体系。校企合作是技能型人才成长的需要。技能型人才的成长规律是“初中，学习中”。也就是说，理论联系实际，校企合作将学生的理论知识和实践紧密结合，缩短学习周期，促进人才成长。

校企合作是校企合作双方的共同需求。企业发展需要优秀的技术人才，职业学校需要合适的工作岗位来满足学生就业的愿望，校企合作可以满足校企双方的共同需求。校企双方只有相互支持、相互渗透，双向干预、优势互补，合理利用资源、职业教育和实现企业管理现代化、促进企业人才积累、促进企业可持续发展，才能使职业学校技能人才培养的方向性和针对性更强。

互利共赢是促进校企合作的原动力。校企合作减轻了“企业招聘难、学校毕业生就业难”的烦恼。“学校教育、企业就业、供求对接、按需培养”的四位一体合作机制是促进企业和学校改革发展的内在动力。就学校而言，与企业合作有助于弥补教科书知识的不足，是学校的教学内容与社会需求的同步，有利于双师型队伍建设，有助于企业参与和开发人才培养计划和人才培养课程，有助于深化教学改革，增强学生的技术水平和就业能力，提升办学效果。对企业来说，可以吸引优秀学生进入企业就业，提高经济效益和竞争力，利用学校资源教育员工，提高员工素质。对于学生来说，通过工学结合，可以促进学习，使学习目的更加明确，从而加强学习的主动性。

二、职业教育校企合作存在的问题

首先，一些企业存在问题。教育部网站公布了《关于开展校企合作项目专项排查工作的通知》（简称《通知》），建议集中调查各职业大学和企业的合作项目的具体内容。调查内容包括是否存在违规收费现象，是否参与“黑中介”“黑代理”、管理不规范、虚假宣传等，是否依法保障实习学生权益等。

首先，《通知》显示，在校企合作中，严重损害学生、教师、学校、企业职工等合法权益，骗取政府资金或有其他违反相关法律法规行为的，将相关企业列入失信、违规企业“黑名单”，限制其参与职业教育相关工作。

其次，学校和企业之间的合作不够深。有些职业学校聘请企业专家上课、举行企业家报告会、派学生到企业参观实习等，进行浅层次的合作。校企双方在这种情况下虽然相互介入、相互融合、深度合作，但形成学校和企业的利益共同体存在很大差异。合作办学的部分企业积极性不高，缺乏内在动力，企业将校企合作限制在企业招聘工作的劳动者，在整个人才培养过程中缺乏“产教融合”理念。由于学校不能为企业提供必要的人才资源或支持，学校和企业之间的合作出现了“学校热、企业冷”现象。

再次，职业学校学生自身的问题。职业学校学生的学习和实践脱节，难以适应企业的要求。目前，职业学校在专业设置、培养方式、课程建设等多方面与企业要求不相适应，大众化、学科化等传统教育模式也影响了校企合作的培养方式。职业特色不强，追求理论的系统性和完整性，缺乏针对性和目的性，培养的人才是“单纯的操作型”，学校和企业之间的合作未达到预计效果。职业学校组织学生实习，没有与在学校学习的专业紧密结合，学生在学校学到的知识、技术和现代企业的要求相去甚远。因此，职业学校毕业生进入工厂后不能独立地进行工作。

学生的职业素养不高，不太符合企业的要求。近年来职业学校提高了学生的专业技能培养能力，但学生的职业素养教育明显不足，职业学校学生从学生身份到企业职员的角色转换受到制约。在工作实习期间，公司已经完全按照员工的要求进行管理，学生必须遵守公司的各种规章制度、工艺要求、安全操作规定，必须自觉以工人的姿态、职业精神和职业道德进行工作。但实际情况是，相当多的学生没有进入工作岗位的心理准备，无法进入实际工作状态。学生也不能按照企业职员的要求约束自己，有的人不服从公司管理，增加了企业管理的难度，影响了企业对校企合作的积极性。各地积极应对国家产教融合、校企合作政策，但在具体实施过程中，各地积极性、推动力也存在着不小的差异，在政策落地过程中也暴露出了一些共性问题，主要表现为政策措施的可操作性弱、政策保障和监督评价机制不足、政策创新性有待提高。

最后，部分政策性问题。有些情况下出台的政策措施的可操作性不强，与各地出台的产教融合、校企合作文件相比，大部分都表现为对国家政策文件的宏观指导意见，部分地区在出台的文件项目后附加了任务分解表或列出了相关负责部门，但大部分地区还缺乏更为细致、可操作的措施。政策操作性弱是各地普遍存在的问题，在推进各地产教融合，学校—企业合作方面存在很大差异，大部分地区根据国家要求出台政策文件，逐步实施，但各地的推动力大不相同。浙江、江苏、广东等职业教育发展较快的地区，不仅产业与教育融合、校企合作政策出台较早，措施也比较有力。

三、推进地方职业教育产教融合，学校企业合作政策落地对策

首先，地方要高度重视产业与教育融合、校企合作对经济发展的促进作用。

区域经济发展和产业变革升级不仅需要高水平的本科大学和科学研究所，还需要现代职业教育体系的支持。现代产业的发展必须有高素质的技术人才支撑。地方政府应在融合产业与教育、促进学校企业合作、促进职业教育发展、促进企业运动、促进产业创新、推动经济转型升级等方面发挥重要作用。大力推进职业教育产教融合、校企合作，不仅可以促进职业教育的内涵建设、水平的提高，还可以共建产教融合型企业，共同开展技术开发和工艺改进，提高企业生产效率。职业学校的人才培养更符合企业需求，为地方培养更多的高素质技术人才，推进地方产业的转型升级。

其次，加强政策落地，提高可操作性。

地方政府应结合当地经济变化发展需求和社会发展需要，制定促进产业与教育深度融合的推进措施、实施细则，研究并出台多方参与机制、保障体系、考核评价体系、激励制度等。从政策和制度层面构建促进产业与教育融合、校企合作发展的政策环境。要研究提炼行业企业经营的政策和措施，激发行业企业参与职业教育的内生动力，积极鼓励企业申报国家产教融合型企业。要注重实施细则或措施的针对性和可操作性，以便落地。为了加强政策创新，要根据地区职业教育发展情况和产业特点，借鉴发达地区发展经验。例如优惠贷款、提供特别补贴、建立区域资源融合平台、调整当地行业企业资源和教育资源等，提高各类信息与需求的互动，实现资源优化组合。尝试“第一责任制”等便利措施，简化办事流程，帮助校企之间的合作，解决企业困难，引导校企双方形成深入的合作机制。

再次，建立评价机制，提高政策执行效果。

产业与教育融合、校企合作政策落地以及配套审查机制才能更好地实施政策，这样才能实现可持续发展。地方政府可以引入第三方评价机构，建立产业与教育融合、校企合作的评价监督机制，对产业与教育融合、校企合作的实施给予及时反馈和目标指导。产业与教育融合、校企合作涉及教育和产业两个方面，因此政府应协调教育、改革、财政、人事、公信力、国资、科技等部门共同参与。例如，要求职业学校定期评估产业与教育一体化、校企合作方面的实际行为和效果，每年在质量年度报告中专门报告此事，对学校的整体发展、教育改革、人才培养、师资队伍建设，特别是在社会服务和贡献等方面是否产生积极影响，评价结果以学校为单位，对各种项目申请、资金支持甚至评价行业企业也作出相应的评价细则。另外，作为牵头部门的各级政府，可以考虑参与其中需要承担相应工作的部门（如改革、人事等），在年度工作审查中推进产业与教育融合、推动校企合作深度，并使其工作公开接受各方监督，形成产业与教育融合、校企合作的发展合力，产业与教育融合职业大学应该实施增强适应性的先导措施优化专业布局。面对经济社会发展需求，主动实施供给侧结构改革，立足矫正、运营社会需要的专业，调整不适合产业发展的专业，提高专业内涵改造力度，提高专业设置与产业发展的匹配度。

最后，职业大学应将提高教育质量作为增强适应能力的核心任务。

坚持立德树人的根本任务，完善人才培养体系，深化教育教学改革。在加强行业和职业技术要求、创新人才培养模式、强化职业道德教育和综合素质培养、实行良好的现代学徒制和职业技术等级证书制度、增强青年学生就业创业能力、加强人才供给与社会需求的匹配度的同时，职业院校应把教师队伍建设作为基础工程。以教育评价改革为契机，加强师德师风建设，健全评价激励机制，完善人事制度，提高教师队伍的专业学术水平、教学科研能力、实践创新能力，建设高素质的“双师型”教师队伍。

发展职业教育关乎教育方式、办学方式、管理体制、保障机制改革。为了增强职业教育的适应性，必须以深化产业与教育融合、校企合作为突破口，以目标和问题为导向，探索有效途径，加强机制建设，强化融合效果。在路径上，国家和各省要以融合示范城市、示范企业建设为契机，积极发展与位于产业链、创新链高端的龙头企业的合作，将先进技术、产品、工艺和管理引入学校运营，消除校企合作促进产业与教育融合的路障。在机制上，职业大学要准确把握学校本身和企业方面的合作需求，就双方的“痛点”问题设置具体的合作项目，通过精准合作扩大对接，建立互利共赢的动力机制和二元合作的实施机制。因此，大学应参与企业的深度教育和人才培养，促进资源共享，在深度和广度上不断提高校企合作水平，构建“校企共同体”。

第二节　职业教育校企合作理论基础

一、利益相关者理论

1959 年，潘洛斯的著作《企业成长理论》中提出了“企业是人力资产和人际关系的集合”的观念，奠定了利益相关者理论的基石。弗里曼在 1984 年《战略管理：利益相关者管理的分析方法》一书中明确提出了利益相关者管理理论。随着时代的发展，利益相关者理论已被广泛用于研究企业社会责任问题。利益相关者理论的建立，将企业的单一经营目标扩大到经营目标加上社会和政治责任。企业追求的目标相比于原有的股东利益的最大化，转化为集体利益的最大化，也就是利益相关者的整体利益最大化。利益相关者理论为促进职业教育校企合作提供了重要启示。

利益相关者理论在校企合作之中的作用十分重要。

第一，顶层设计学校和企业之间的合作，重点放在相关利益上。职业教育校企合作的核心是实现办学主体的多样性，让参与合作的利益相关者参与职业教育人才的培养。从当今的职业教育、学校、企业现实分析来看，就是构建有政府部门、职业大学、企业、行业、学生、家长、社会团体等利益相关者参与的职业教育办学模式。同时，要充分考虑利益相关者的诉求，才能对利益相关者的主动性、积极性和创造性进行充分的调动。最终可以保证利益相关者真正参与合作教育，实现各自利益诉求的“双赢”目标。

第二，阐明校企合作利益攸关方的利益。政府、企业和学校作为校企合作的主要参与方面，应该慎重分析影响参与度的核心利益和边际利益。政府作为参与的重要一方，追求的不仅有企业的经济目标，还有职业教育的人才培养目标，其核心利益即实现经济和人才两方面的“双赢”，其边际利益是随着参与度的加深而增加的“双赢”目标。作为参与人，企业主要追求的仍然是经济指标，参与校企合作的核心利益是长期的人才支撑，其边际利益是随着参与度的加深而同时增加经济指标。职业学校是传统的办学主体，追求的核心利益是人才培养质量的提高和培养规模的扩大，其边际利益是随着企业参与度的加深，办学质量的日益提高。所有其他利益攸关方也是如此。

第三，注意确定各种利益的存在。在评价职业教育、校企合作各方面的利益时，不仅要立足于现实的利益分析，还要分析长期利益、潜在利益的存在。政府在支持和推进学校和企业之间的合作时，应对不同的利益主体采取不同的战略，最大限度地满足不同主体的差异利益。特别是在推动企业参与校企合作时，要通过财税政策，在不同阶段提供差别化支持，充分调动企业参与的内生动力，随着参与度的加深，实现目标收益。校企合作是根据企业发展、技术结构、产业结构、市场需求，共同负责学校的专业规划、人才规格、教育目标、教育计划、教育内容以及相应的教育管理的办学模式。其目的是通过大学和企业相互合作的方式培养应用型人才，满足社会的发展需要。校企合作可以帮助培养应用型人才，但没有统一的标准进行客观评价，研究内容也只是对现有模式的简单概括和总结，讨论了操作过程中的问题，有一定的局限性，缺乏科学的评价标准。在此基础上，构建科学合理的校企合作评价指标体系是当前应用型人才培养的迫切需要。

我国目前学校企业合作评价指标多种多样。例如，基于 AHP 的高校企业合作评价指标、学校企业合作伙伴选择评价指标、产学研合作绩效评价指标体系等，包括高校人才培养目标和科研目标、企业效益和社会效益、产学研服务等。部分评价指标看起来内容涵盖企业，但综合来看主要考虑高校和学生的收益。部分评价指标研究主要是高校和企业在科研开发方面获得的收益，应用型人才培养的目标长期以来没有得到充分的考虑。

通过以上分析可以看出，校企合作评价指标应综合服务于人才培养和产学研发展。利益相关者理论是 20 世纪 60 年代西方国家逐渐发展起来的，最初的目的是平衡企业各利益相关者，促进企业管理方式的转变。对利益相关者的分类是这一理论的核心。例如，学者弗里曼的观点认为，利益相关者是能够影响一个组织目标实现的所有个人和群体。米切尔评分法从合法性、权力性、紧迫性三方对利益相关者进行了评分，提出了确定型利益相关者、期望型利益相关者和潜在利益相关者三种类型。高校治理的本质，即高等教育中利益相关者的协调机制，特别是在当代市场经济环境下，高校发展已经涉及社会的诸多方面，因此利益相关者理论可以应用于高等教育领域，是试图用利益相关者理论指导应用型人才培养中校企合作评价指标的设计。

将高校视为利益相关者社会组织，分析学校企业合作过程中的各种重要作用，对利益相关者进行分类。在以培养应用型人才为目标的校企合作中，学校、企业、学生，甚至行业协会和政府都是相关受益者，根据米切尔评分法的合法性、权力性、紧迫性原则，学校、企业、学生和政府在多样性利益相关者中获得了高分。从这四个得分较高的利益相关者的角度，分析其对实现校企合作目标的利益和贡献，设计符合简化和利益相关者理论的校企合作评价指标。评价指标的设计应遵循综合性、诊断性和共性三个原则。综合性是指评价指标的设定必须能够反映所有利益相关者，指标水平和数量合理，因此要科学地反映评价对象，达到评价目的。诊断性是指评价指标的设计必须能够衡量评价对象的完成程度，以便根据评价结果采取适当的措施，顺利实施培养方案。共性意味着评价指标可以应用于各种校企合作模式，便于推广。

基于上述原则，设计的高校—企业合作评价指标体系。该指标体系共包括校企合作基础、校企合作模式、校企合作实施、校企合作效果四个一级指标和25个二级指标。

校企合作的基础包括合作企业是否与专业对口、合作双方是否签订了协议、当地政府是否出台了相应的提供支持的政策、是否保障和促进了合作、校企双方是否做好参与学生学习和生活的保障工作等。校企合作模式包括：具有企业背景的培训机构数、行业纯培训机构数、共建专业（课程、实验室）数、企业捐赠实验室设备数、企业参与校内兴趣组数、学生到企业共同培养数、企业培训技术人员数等。实施校企合作包括企业参与师资构成情况、企业参与教育内容改革情况、企业介入培养方案制订情况、实践实训基地建设情况，企业工程师入校讲座与专科学校相比企业科研经费比例、学生在企业实践中是否有专业指导等。校企合作效果包括：参与学生首次就业率、学生职业资格证书比例、共同培养单位就业签约率、学生企业满意度、校企联合教材专利项目申报情况、企业在校奖学金设置情况、学校科研成果向企业转化的效果等。

上述指标体系是学校、企业、学生、政府四类决策的共同结果，比较全面地反映了相关人员在校企合作过程中的利益需求和贡献。

职业教育利益相关者理论的应用，与职业教育利益攸关方的需要具有密不可分的关系。

2012年联合国教科文组织在上海举行的第三届国际职业教育大会上提出，善治是成功改革职业技术教育和教育系统的明确先决条件。职业教育善治的关键是如何改善协调，让广大利益相关者参与职业技术教育和培训，根据充分的信息确定优先事项，确保责任有效、有力推行下去。

职业教育包括各种利益相关者，均衡地满足多元利益主体的要求是搞好职业教育的关键。学校是公益型社会组织，为了提高人才培养质量，提高服务经济社会发展能力，学校必须与企业合作。企业是有利可图的社会组织，为了获得优质的人力资源，获得学校技术支持、获得员工培训的机会、履行社会责任的机会，提高社会影响、提高经济效益，企业必须与学校合作。政府购买职业教育服务是期待未来的工人具备一定的职业素养、职业知识和职业技能，为经济社会的发展做出贡献。产业组织参与职业教育是希望校企双方为行业的发展培养高素质的技术型人才，支持行业的技术创新。学生和家长购买职业教育服务是期待学生学有所长，获得未来的社会生活能力和工作能力。利益相关者理论告诉我们，只有最大限度地平衡和满足利益相关者的要求，才能最大限度地实现组织的目标。职业教育的多元利益主体之间基本属于平等的契约关系，治理比管理更合适、更有效。

二、PDCA 质量管理理论

PDCA 循环也称为“戴明环”，是运行全面质量管理系统的基本方法。按照 Plan（计划）、Do（执行）、Check（检查）、Action（处理）四个步骤进行质量控制。需要注意的是，每个 PDCA 周期都有新内容、新目标，每个循环都解决了一些问题，使现有管理水平得到了提高和改善，而不是简单的现有水平的循环。建立多方参与的“双 PDCA 周期”，共同培养质量监测评价反馈机制是提高管理水平的途径之一。

PDCA 循环在校企合作建设中具有重要的作用。校企合作建设在采用 PDCA 周期管理模式时，应包括共同培养计划、共同培养具体实施、共同培养效果检查、共同培养结果反馈处理四个方面。

第一阶段也称为 P 阶段，主要侧重于制订共同培养计划。

第一步，建立健全共同培养所需的体制机制。

首先，需要建立共同培养管理系统，组建校企合作建设团队。由负责共同培养教育的副院长担任组长，其他成员应包括共同培养所在学科负责共同培养教育的领导，共同培养指导教师、导师、教务处、学生处等职能部门领导及相关人员。小组各成员各司其职，各尽所能，确保共同培养教育的顺利进行。其次，制订校企合作共同培养计划，明确共同培养目标和共同培养内容。共同培养计划应包括共同培养课程安排、经费使用计划、共同培养学生和指导教师、辅导员名单、联系方式等。在制订计划的过程中，小组内成员应进行充分的沟通，并根据之前共同培养过程中发现的问题提出改进计划，使计划更加系统和可行。最后，制定和完善相关共同培养管理文件，编制共同培养管理细则和共同培养报告形式、共同培养成绩评价标准等相关文件，用于规范此次共同培养。

第二步，选定共同培养单位，决定校企合作共同培养指导教师。

一方面，学院举办大型毕业生双选会及小企业招聘会，同时充分发挥校企合作共同培养办公室的作用，帮助学生实施校企合作共同培养单位，尽可能让学生进入与学院有合作关系的单位共同培养，确保共同培养单位的质量。对自行选择共同培养单位的学生，为了防止伪造，必须提交相关证明文件。另一方面，院系要选择责任心强、专业能力扎实、实践经验丰富的教师作为共同培养指导教师，明确每个学生的共同培养指导教师，建立共同培养信息反馈系统。

第三步，对于学生的动员训练阶段。

该课程主要针对学生进行一系列共同培养前教育，一般包括共同培养动员、安全教育、书面考试三个阶段。共同培养动员由共同培养管理团队成员共同承担，严守共同培养纪律，总结前期共同培养中出现的问题，旨在从思想上引导学生尽快完成从学生到企业员工的角色转换。在辅导员、班主任等处对学生进行防盗、防抢、防诈骗、防火等安全教育。也可以组织共同培养生观看安全生产教育电影，加强学生的安全理念，做好各种安全预防工作。之后参加安全考试，与学院、就业机构签订三方安全责任协议书，通过考试并签署协议书的学生可以参加共同培养。

第二阶段也称 D 阶段，主要侧重于共同培养的具体实施。

第一，共同培养过程要采用动态管理方法，必须要保证指导教师和学生信息沟通的正常化。可以利用电话、飞信、微信等信息手段联系共同培养单位及学生，每次联系都需要记录和整理内容，了解学生共同培养情况，检查学生共同培养情况，监控、调整共同培养情况。同时，共同培养管理团队要加强对共同培养指导教师的检查和监督，确保与共同培养学生的沟通联系。在共同培养过程中，指导教师应密切关注学生心理状态的变化，及时解决共同培养过程中遇到的难题，给予学生专业知识和心理指导，帮助学生学会应对各种压力，努力营造宽松和谐的共同培养环境。积极鼓励学生，提高自主管理能力，愉快、主动地跟进共同培养过程，以共同培养为契机，发现不足之处，不断完善自己的知识体系和实践技能，圆满完成共同培养任务。如果学生在共同培养过程中遇到指导老师都难以解决的问题，共同培养指导老师应及时将问题反应到共同培养管理团队中，在小组讨论中提出最佳解决方案。

第二，院系要积极联系学生共同培养部门。对于共同培养学生较多的共同培养单位，要在争取学院经费支持的基础上，积极聘用有丰富经验的企业职员作为学生校企合作共同培养的兼职指导教师，加强对学生共同培养期间的工作指导和管理。师生结对战队，形成言传身教、帮助成长的良好氛围。

第三阶段也称 C 阶段，主要目的是共同培养效果检查。

这个阶段主要是确认共同培养效果是否符合预期，分析偏差的原因。共同培养检查包括共同培养过程检查和共同培养绩效检查两个阶段。共同培养过程检查在第二阶段实施过程中已经穿插进行。共同培养绩效检查包括共同培养报告完成、共同培养过程学生出席情况、共同培养单位鉴定等多个方面。通过对学生提交的共同培养成绩的评价及共同培养过程检查评价，完成对学生校企合作共同培养的综合评价，这种综合评价学生成绩的方法可以更真实、更科学地反映学生在整个共同培养过程中的表现。同时，职业学校应建立多种评价机制，让企业职员、指导教师、共同培养学生参与共同培养效果评价，并确保校企合作共同培养的各参与主体既是评价主体，也是评价对象。这样评价结果比较客观真实，让学校全面控制共同培养，及时纠正指导学生的问题，提高和完善共同培养指导教师的指导工作，从而提高学生的水平。

第四阶段也称 A 阶段，主要目的是共同培养结果反馈处理。

在 PDCA 的整个过程中，A 不仅是附加行为，而且是 PDCA 周期的核心。因此，运用 PDCA 循环管理理论管理校企合作，每次联合培养结束后，认真总结反思，总结经验，吸取教训，分析偏差原因，解决存在的问题，制定下一轮循环的改善措施，要求校企合作共同培养大循环，以 PDCA 形式前进，不断提高，这是维持校企合作长期稳定发展的重中之重。

联合培养结果反馈处理可以从以下几个方面进行。第一，如果条件允许，请与参与共同培训过程的企业职员沟通，听取意见。第二，举办校企合作共同培养经验交流座谈会，邀请校企合作建设组成员，让学生的意见和建议反馈到领导耳朵里。第三，审查学生的共同培养报告，整理期间代表性的感受，提出意见和建议。第四，共同培养指导教师和学生通过校企合作共同培养问卷，及时收集和处理反馈，巩固和宣传成功经验，认真分析和正确处理失败的教训，将新问题和未解决的问题转移到下一个 PDCA 循环中解决。学校和企业之间的每次共同培养都是一个小循环，每次循环结束也是下一个循环的开始。将此次校企合作共同培养过程中未解决的问题作为下一期共同培养工作的重点和难点，修改下一期的共同培养计划，使校企合作建设更加有针对性，目标更加明确，不断推进管理水平和共同培养质量的提高。

对于职业学校来说，如何加强校企合作建设仍然是一个永恒的课题。PDCA 循环为校企合作建设提供了良好的管理模式，校企合作建设工作日益完善。

构建有特色的“双PDCA循环”共同培养模式，共同培育质量监测评价反馈工作机制。该模式是针对开放式实践教学过程的管理特殊性而提出的。在共同培养质量监控指标体系和信息化共同培养管理平台的基础上，质量监控评价从共同培养管理和共同培养质量两个方面进行。为了共同培养管理，完善优化管理制度和工作方案，通过在线实时监控和在线现场检查相结合的方式，对共同培养管理进行日常监察和管理审查。为了提高学生的共同培养质量，采用网上评价方式，学校、企业、学生多方参与，同时进行课程审查和结果评价。课程审查包括联合培养平台签署学生出席，指导教师对共同培养日志的审查评价等。结果审查包括校外指导教师对学生审查打分、校内指导教师对共同培养总分、学生企业教师对共同培养的综合满意度调查等。运用PDCA循环理论，依托信息化共同培育管理平台，采用监督、考核、问卷调查等多种手段，分别对共同培养的管理质量和学生共同培养质量进行质量监控研究和实践，形成闭环反馈，不断改进共同培养管理模式，促进管理水平提升，不断提高质量。

与其他校内教学环节相比，共同培养需要学校和企业的深度融合，企业全方位参与共同培养过程，多方管理思想贯穿始终，学校和企业的双重主体协同育人。校内管理者、校内指导教师、企业指导教师、思政指导团队四位一体，全方位保证学生工作正常，共同提高培养质量。只有运用信息化共同培养管理手段，共同培养管理创新，才能有效解决岗位共同培养的时空分散带来的管理痛点和困难。

目前，在现实教学管理中，相关人员在一定程度上缺少改良PDCA管理周期的意识，教学工作质量停滞不前。PDCA管理周期始于教育的日常管理，旨在提供循序渐进的理念，努力形成自我检查文化，建立不断完善和发展的管理机制。这个过程本质上是计划、执行、检查、汇总、调整的循环过程，也是PDCA管理周期长期稳定发展的必经之路。

第一，计划阶段。计划阶段是整个教育管理活动的基础。首先，在这个阶段，高校要通过广泛的调查，了解教育管理活动处于目前阶段的实际情况。多方面、多层面地听取不同意见，以便准确地找到当前教学管理中存在的问题。其次，以群策群力、原因分析、问题原因的掌握为目标。最后，制订计划。

第二，执行阶段。执行阶段应以教职工为主体，以实现第一阶段制订的教育改善计划为目的进行活动。首先，要坚持教学计划的原则。在实施过程中，干涉因素复杂多样，为了达到最终解决问题的目的，必须坚决保证教学计划的推进，通过积极沟通及时掌握不利因素，确保计划的顺利实施。其次，要保证计划实施的完整性。教学计划通过广泛的讨论和科学论证，具有可操作性和可行性。因此，在实施该计划时不能片面，要全面实施，使计划最终达到预期目标。

第三，检查阶段。要检查所有资料和材料，制作检查报告，必须填写原始记录和统计数据，并保证数据的完整性、全面性。对教学计划实施的检查可分为过程的检查和最终结果的检查，应将正在进行的检查的针对性、及时性，发现问题的及时反馈列入最大限度的保证计划，朝着既定方向发展。对检查结果的检查有一定的延迟，因为教育计划效果本身具有一定的滞后性，所以检查是一个长期重复的过程。在检查中要有针对性，要区别于现有的检查工作，将力量集中在主要矛盾上以解决当前最重要的问题。

第四，总结阶段。总结阶段可以看作一个小的教学质量管理周期的结束，通过总结前三个阶段的教学计划执行和检查，可以使这个周期成为最后的总结。这个周期可以将调整的上部路径看作起点，找到已经解决的问题，总结经验，为下一个周期奠定总体基调，同时综合未解决的问题，制订下一个周期的计划。在总结过程中，要发挥教职员的主观能动性，明确这个周期实际解决的问题，了解尚未完全解决的情况。

教育管理的 PDCA 周期不是在同一个水平上循环的。每次循环，解决一些问题，取得一些成果，工作向前一步，水平提高一步。到了下一个循环，新的目标和内容，更上一层楼，是螺旋式的上升。基于 PDCA 模型解决现阶段高校教育管理问题是一种逐步变革的方法，寻求感化，有针对性地解决当前突出的问题，希望通过长期不断的循环提高教育管理的整体质量。

第三节　网络化治理下校企合作的几种典型模式

一、顶岗实习

顶岗实习模式是劳动与教育相结合，学生在学校学习系统的知识，掌握该专业的理论知识、实践技能和职业素质，然后在校外实习训练基地实习，在企业技术人员的指导下进行实际操作训练，掌握相应的工作操作标准和要求，通过技能提升训练与岗位“零距离”对接。学生们可以作为企业职员进行在职实习，熟悉企业环境，感受企业文化，应用在学校学习的技术。通过在企业实习，学生也能认识到自己知识和能力方面的不足，进一步提高学习的动力。

实习过程管理和质量监测与评价的问题是当前高职院校普遍存在的问题。因此，对这一问题进行研究以提高实习效果，对保证学生的实践技能训练和专业素质培养具有重要意义。顶岗实习存在了很长时间，但也有相当大的问题。

第一，实习企业积极性不足，学生实习岗位和实习过程质量不高。

职业学校，特别是综合性职业学校，专业岗位的种类和数量很多，广泛分布在各个领域，各专业对实习的需求不同，各实习单位接收的学生数量有限。由于校企合作关系不足、学校服务企业意识不强、学生专业能力不足等，部分实习企业不愿接受学生实习，部分实习企业对学生实习没有给予足够的重视，学生的日常管理和指导评价都流于形式。

第二，顶岗实习过程管理不善，实习指导工作做得不好。

职业学校的学生以学校安排和学生自主实习相结合为主，实习单位和学生分布相对分散。学生进入实习岗位后，校内实习管理者和指导教师大多以在校远程管理为主，难以实时监测和掌握学生实习动态，专任人员难以定期进行现场检查，对学生工作实习的实际情况和思想动向了解不深入，对实习学生管理不善，难以保证实习管理质量。

学生顶岗实习一般有企业和校内两个指导教师。由于管理机制等原因，企业指导教师往往只顾自己的工作，缺乏对实习生进行技术指导的动力。校内指导教师主要集中在本职工作上，与校外实习学生缺乏沟通，对企业里实习的学生指导帮助较小。学校的实习管理工作没有取得应有的效果，很难有效地监督校内外指导教师的实践教学，指导学生进行高质量的技术学习。

以上问题需要学校加强实习管理团队建设，在广泛的深度上充实实习管理团队，完善实习的日常管理，从专业技能和思想心理等层面全面指导学生。在管理手段上，迫切需要信息化管理平台有效管理顶岗实习的全过程，有效支持多方参与、多层次实习管理机制的不断形成。

第三，顶岗实习质量监测评价工作体系有待完善，反馈优化机制不足。

实习质量监控与评价分为实习管理监控与评价和学生实习质量监控与评价

两个部分。目前这两个部分都存在体系不完善、反馈优化机制不足的情况。一方面，校内外指导教师对学生的管理和指导大部分是远程进行的，实习主管部门对实习教师履行职责情况的监测和评价都人手不足，在执行层面存在很多困难。另一方面，学生实习质量监测评价指标不统一，校内外指导教师评价、实习过程日常评价、实习成果效果等评价因素未能完全纳入评价体系。评价主体太少，难以实现多元化评价。评价方法不够丰富，难以实现客观评价。评价内容单薄，综合审查难以实现。对于质量监测评价中发现的问题，也普遍存在缺少反馈优化机制、不能正确实施的问题。以上问题需要实习管理部门重视和完善实习质量监控评价体系，通过信息化实习管理平台高效实施。

顶岗实习难以避免地存在一些问题，为了降低这些问题的影响，职业学校和企业两方面都有一些相应的举措。

第一，企业全方位参与实习过程，校企双方主体协同育人。学校树立服务意识，以服务企业的岗位需求为出发点，充分调动实习企业的能动性，为校企合作寻找共赢点。校企深度合作、生产和教育深度融合、校企合作贯穿实习全过程，共同管理、成果共享、责任共担的校企双主体共同形成教育机制。校内指导教师负责学生专业知识传授、技术方法指导等业务教育，企业指导教师主要负责职业技能、技术、职业精神培养教育、企业文化熏陶，指导学生解决技术难题。

第二，建设多层次、多方面校企合作的实习管理团队。经校内管理者、校内指导教师、企业指导教师、思政指导团队多方合作，系统建设学校学生实习管理和考核工作指导团队、二级学院学生实习管理和考核工作指导团队、学生思政辅导团队、实习过程管理团队等最高实习管理团队，各岗位、全过程参与学生实习过程，“四位一体”，以全方位的方式对学生进行管理，以立德树人为指导思想，帮助学生从知识学习者转变为知识应用者。

第三，以网络化实习管理平台为依托，创新实习管理新手段。网络技术是解决顶岗实习周期长、场所分散、人员多种问题的必然选择。依托网络化实习管理平台，通过日常管理、位置监控、评价反馈、资料存储、统计分析等功能，逐步实现实习管理流程网络化、平台优化和个性化开发，综合地完成一个整体，增加顶岗实习的系统化、网络化、便利化。

二、学生就业推荐模式

学生就业推荐是学校和企业之间最早期、最普遍的合作模式，根据学校和企业的合作协议，通过自主选择或双向选择实现就业。学校和用人企业形成了良好的供需关系，在提高毕业生就业安置率的基础上，拓宽了学生分配渠道，优化了就业，保证了毕业生学习的知识是有用的，学习在一定程度上能达到满足相关工作需要的地步。

三、“订单式”培养

企业订单式培养是根据企业的需要培养的，针对性、目的性、专业性强，培养过程中企业关注度高，专门为学生提供实习场地和条件，同时为学生提供就业机会。学校要开设以培养、定向就业为依托的新型校企联合办学模式，逐步实现毕业生就业由“生产定销”到“销售定销”。“订单式”培养也被称为“人才订单制作”。一般来说，职业教育的“订单式”培养意味着用人单位和培养单位签订雇佣合同，双方共同制订人才培养计划，充分利用双方的有利资源参与人才培养过程，实现预定的人才培养目标。

在实施“订单式”培养机制的过程中，学校和企业在选拔学生、制订培养方案、确立考核标准、设置课程、安排实训实习等方面进行深度合作。通过合作，学校将企业定为学校的实训基地，组织学生进入企业实践，增强学生的实践能力，使学生能够做到学校与企业的无缝对接，体现了通过职业教育培养技能型人才的功能。

“订单式”培养是市场经济条件下企业人力资源开发的必然选择。现代企业的竞争大部分是知识资本的竞争。企业人力资源开发的战略眼光越来越大。特别是对于新劳动力，很多企业从被动选择转向主动开发，和职业学校合作。根据企业的意图，共同培养符合企业要求和忠诚的劳动力。企业需要在人力、财力、物力等方面进行投资，但与人力资源开发的质量、效益，对企业的深刻影响相比，完全有价值。

与传统的招聘模式相比，“订单式”培养不是眉毛胡子一把抓，而是对人才需求按照轻重缓急进行分类，理性对待。以实施“订单式”培养的学校为例，因为其发展优势不明显，仅靠吸引人才不能满足实际需求，并且如果人才机制不完善，人才流动将比较频繁。对此，“订单式”培养抓住了最突出的问题，逐步完善了精准聚焦人才制度，有效地避免了盲目引入人才的尴尬。

当然，用人单位介入人才培养模式，使学校教育和就业市场在一定程度上对接。实行以就业为主的人才培养模式，将学校与企业、用人单位之间的关系由被动转变为主动。要顺利实施用人单位预先介入式人才培养模式，必须突出课程设置、企业文化和能力的特色要求。

改变观念，提高订单班新职员的待遇。要根据公司的业务发展量制订中长期人力资源计划，制订长期的人才培养计划，将人才储备纳入计划，在招聘初期提前深入学校，与学生互动，以活动形式开展企业文化，让更多的学生了解订单班，选择订单班。不仅如此，企业要改变过去的传统观念，不能再把培养订单班视为学校的事，与企业没有太大关系。“订单式”人才培养的模式和订单班新人的质量取决于企业的重视程度、时间和资金投入多少。企业要以软件、案例、资金、人力、销售渠道等为要素增加投入，为订单班学生提供必要的教育设备和校外培训基地。企业也要向学校提出自己的诉求，要求学校制订好后备人才的培养计划，加强对订单班学生的技术、职业道德、个人素质等方面的培养，不能随意改变培养内容，以适应市场经济的发展和企业就业的要求。

要求订单班人才培养单位加强素质教育与实践能力的结合。一般来说，素质教育和实践教育是不可兼得的矛盾体，但在订单式人才培养中，这两种培养理念可以融为一体。必须改变现有的理论化、教条化的素质教育培养，要以活动为载体，鼓励订单班的学生多参与，培养团队能力、执行能力和解决问题的能力。面对问题，教师不要进行过多的干预，进行辅导即可，要让订单班的学生学会自己解决，培养心理承受能力和创新意识。

为了培养实战能力，学生必须具备较强的动手能力。因此，在常规教育中，建议接受30%的课程进行理论教育，70%的课程进行实战实习，学生可以有效地将理论教学与实践结合起来，在不知不觉、潜移默化中指导学生独立完成。那么，在订单式人才培养中，素质教育和实践能力可以同时进行，两者不再单独进行教育和考察。通过实际工作对可能存在的情况和可能出现的情况进行场景模拟。为了让学生在实际工作中充分体会道德、法规如何与工作能力相结合，学生在有了这样的经验后可以进一步加深印象，比以传统理论和实践操作分离的方式进行教学效果更好。

加强企业与学校的沟通，建立深层次的校企合作机制。订单班如果只在校园学习，就无法实现校企合作的意义；但是如果直接进入企业，则难以适应企业的工作，对于学生和企业双方都是不利的。应当将教学实践与企业环境、企业文化统一起来，校企的订单班必须在这种交叉的环境中得到锻炼。

市场需求是订单班培养时的重要因素。选择“订单式”人才培养合作对象，要注意以下几点。

第一，要考虑合作对象对人才培养的需求情况，考虑企业在行业内的实力和基础，以及毕业生是否愿意在该企业就业。第二，要考虑彼此的装备条件、技术和管理水平，学生能否学习知识和技术，是否适用。第三，要考虑二者对合作教育的积极性。学校和企业都在充分进行市场调查的基础上签订了“订单式”人才培养协议，形成了一种法定合作关系。

在“订单式”培养过程中，课程设置要考虑就业市场的需求，课程设置要直接与就业目标挂钩，要针对某个职业，培养学生在特定岗位上的工作能力，就业方向要明确反映在课程方案中，订单班的课程设置必须满足工作需要。也就是说，要根据职业的知识和能力设置课程，决定课程的性质和内容。要考虑学生的可持续发展和即时就业的需要，在专业技能学习的基础上，考虑到就业所需的灵活性和学生的选择性。

“订单式”人才培养的校企双方本着互利互惠的原则，有利于学校利用企业优质实践性教育资源为教育服务，有利于企业利用高职院校办学特色，为企业有针对性地培养符合要求的人才。因此，在“订单式”人才培养过程中，应充分考虑学校、用人单位、学生等多方面的利益和要求，充分考虑人才培养目标和教育法的要求，并根据订单承诺，确保校企双方在人才培养过程中以合作、互利的关系，让学生自愿参与定向培养。

“订单式”人才培养是学校人才培养的重要方式，必须遵守职业教育教学的基本要求，必须保证教育的完整性、系统性和灵活性，按照规范的标准进行教育教学。教学计划内集中实习、课程设计环节可以结合企业上岗培训，在用人单位取得实习成绩。

“订单式”培养和校企合作有一定的差异和联系。“订单式”培养和校企合作一样，重视与企业的合作，但也要注意区分。简单来说，在校企合作模式下，学校和企业没有事先签订雇佣合同，毕业后学生的就业形式灵活多样。相反，“订单式”培养在学生入学前与学校和企业签订了订单培养合同，学校在招生时根据订单要求招收订单生，这些学生入学后与企业签订劳动合同。此后，学校和企业对订单学生进行共同教育，如果学生能按要求毕业，一般订单企业会安排就业。

四、访问和进修模式

职业学校根据教学过程适时安排学生参观企业参加研修，使他们了解生产过程和设备、设施的工作原理，学习企业文化，体验企业生活。这种教学模式不仅能提高学生的学习兴趣，还能培养学生热爱工作和忠于职业的精神。

五、专业建设合作模式

专业建设合作主要是根据企业生产的实际需要和市场需求，让企业积极参与职业学校专业建设，让学校和企业共同探讨教育目标、教育计划、教育内容、实习方式，使企业需求与学校人才培养更加紧密地结合在一起。企业提供专业教育设备，还有负责职业学校教育所需的双师型教师，双方以企业短期教育培训资料为基础，共同编制专业教育计划大纲和专业课程标准及教材，共同建设和发展新专业。这种模式是校企合作的深度模式，可以为职业学校的发展注入新的活力。

第一，派教师到合作企业学习先进技术和生产管理方法，回到学校后，学习并应用于日常教学工作中。这种学习要常规化，做到不断向不同行业和性质的企业学习。

第二，找合作企业，让学生进入企业，边工边学，解决学生理论与实际脱节、知识和能力差的问题，让学生毕业即就业，上岗就能胜任职务。

第三，可以与多家企业合作，对不能提供太多工作岗位的企业提供参观机会，通过参观，学生可以了解企业，了解专业，拓宽视野，了解自己学的专业在未来如何，可以从事什么工作，以及工作环境如何。

第四，多与企业沟通，了解企业缺乏的专业技术型人才，在学校重点培养，使学生入职后能够快速适应企业的需求。

第五，很多企业经验丰富的员工专业技能突出、业务能力突出，但没有相应技术等级证书。在这种情况下，学校可以帮助企业技术人员取得相应的专业技术等级证书，提高企业文化水平，提高企业资格水平，提高企业竞争力和行业知名度。

针对这种模式，首先要做的是找到合作企业，了解企业需要什么，制订相应的方案。

校企合作对实现生产和教育的深度融合、提高人才培养质量、提高专业服务的发展能力具有重要意义，应积极推进。

第四章 职业教育网络化治理下的校企合作管理及保障

网络化治理是目前职业教育校企合作的趋势，为了达到更好的管理效果，离不开科学的管理方式。网络化治理下职业教育校企合作的管理工作是本章论述的重点之一。“良法是善治之前提。”在建立科学的管理方式的过程中，离不开法律法规的保障。本章的第二节，论述了网络化治理下职业教育校企合作的机制保障，包括法律层面、组织变革方向以及各方面的融合支持保障体系。

第一节 网络化治理下职业教育校企合作的管理工作

国内外的学者和机构都代表部分或完全的共同之处比较治理和主导理解“治理”的概念。管理权力的来源可以是体现国家意志的法律或政策，也可以是一项非国家条约。管理的性质可以是强制性的，但也可以是协商性的。管理主体可以是公共当局、社会组织或公民。管理的权力运行可以上下移动，也可平行。管理的范围可以是政府的，也可以是公共的。

随着经济社会的发展，公共事务的管理模式正在发生变化，逐步从域名管理，从法治、人员管理到多边管理治理的一个重要组成部分，从中央到地方权力下放，从各国政府管理服务。在社会领域，管理正在悄悄发展，管理结构是管理的载体，正确的管理结构是良好管理的基础。从本质上讲，管理结构是一种制度结构，它将正式和非正式的组织和关系与所有利益相关者联系起来，这些利益相关者可以在权利、责任和利益之间取得平衡，从而在组织内部创造公平和理性的统一。

对不同利益相关者的参与、建立不同的制度和平衡，对不同利益相关者利益规则的关注，一定程度上可以确保了网络化治理下职业教育校企合作的可持续发展。

职业教育校企合作治理属于关于治理的一般框架的大范畴，但职业教育校企合作对其在网络化治理下的生存和发展至关重要，在职业教育自然特征的基础上，建设其治理体系和治理能力应该是多层次的。

所谓边界，是指关系边界，即事物的存在和发展不局限于单一主体或单一领域的情况，是指多元问题、各部门问题。职业培训旨在提供工作和经济及社会发展服务。跨界职业教育就是超越界限、发展改革的职业教育，需要在知识之外看待知识，从其他的角度看待教育，综合看待企业与学校的融合发展。边界是事物的一种客观属性，一种哲学意识，它引导人们走向客观事物，但无法改变它们。当前，要在哲学意识与职业教育实践之间架起一座桥梁，治理就诞生了，治理通过各种制度和规则，统一了多个领域，服务于共同点。企业与职业教育学校的融合共建是职业教育的客观特征，而治理是人们的积极行为。只有跨界融合才能为有效的治理提供坚实的前提基础，有效的治理对于跨界融合起到延续性作用。

职业教育直接服务于时时刻刻在变化的市场经济，市场经济的特点是不断地变化，包括技术变革不断，生产组织形式不断变化，劳动力市场动态调整等方面。这就要求职业教育必须建立市场化的运行机制。职业教育改革的深化对于市场化运行机制的不断形成具有促进作用，职业教育的投资办学方的种类不断增加，职业教育的受教育主体是多样化的，职业教育需要满足个性化，职业教育与普通教育一样都强调终身学习。职业培训课程的建设和社会工作项目的建设正在发生变化。政府应改变规范和控制职业教育、宏观控制、理性赋权的传统方式，为职业学校、企业和社会组织创造增长空间，逐步建立共同治理环境。

构建职业教育校企合作办学治理结构是指在相关法律法规框架下，职业教育运营过程中以“学校”和“企业”为两个直接主体，在合作过程中实现权力和利益相互平衡的组织结构和制度安排。简而言之，这种组织结构和制度安排是指支配主体之间的权力和权力运行机制的构成问题，进一步说明职业教育、校企合作治理结构分为外部治理结构和内部治理结构。

在校企合作制定职业教育的研究和培训方面，学校和行业的监管结构是指在合作过程中平衡权力和利益的机构管理，“学校”和“组织”是学校与企业的合作研究和培训过程中的两个直接并且重要的组成部分。

简而言之，组织结构和制度结构是指权力制约和权力运行机制的问题。关于监管结构的进一步信息，以学校与企业的合作教育、学校和行业为研究对象，将监管结构分为外部监管结构和内部监管结构。

职业教育校企合作办学外部治理结构的构建必须以我国的国情作为基础，以职业教育的相关法律法规作为准绳，将政府、产业、企业与职业学校等各个主体都包括在内，重视每一个主体的作用，让每一个主体承担应有的责任。

转变政府职能，提高政府对于职业教育校企合作治理的服务保障能力，我国职业学校基本由政府主导，习惯对职业学校进行指示性管理和控制，特别是参与学校的工作过程。

多主体治理模式是政府转变工作方式方法的契机，政府需要从同时制定政策和执行政策的职能转变为“走在前列”，做职业教育校企融合治理的掌舵者。掌舵者应该看到所有问题和可能性的全貌，并平衡对资源的竞争需求。作为职业教育发展的舵手，政府需要统筹全局，主要体现在组织保障、立法推动、政策制定等方面。

产业组织在校企合作管理中发挥着巨大的作用，产业组织是学校和企业之间合作的桥梁。中共十八届三中全会提出：“正确处理政府与社会的关系，适合社会组织提供的公共服务和解决的事项交由社会组织承担。”中共十八届四中全会提出：“支持行业协会商会类社会组织，发挥行业自律和专业服务功能。”

随着政府角色的改变，产业组织的角色将越来越多地发挥，它的作用将成为职业培训中校企合作的重要组成部分。在这一趋势下迫切需要建立一种机制，目的是发挥行业组织的联络作用。行业组织是校企合作的协调人、校企联系的导师、绩效评估的审查员和信息服务的提供者。

内因通常是决定发展的因素，建立校企职业培训合作的内部治理结构也具有重要的意义。

目前，我国学者对于职业教育学校与企业合作管理的研究受到以传统学校为主体，企业起到辅助作用的思维的限制，一般的研究侧重于职业院校内部在网络化背景下的治理结构，对于企业在职业院校与企业合作管理之间的作用研究较为有限。在职业培训校企合作的内部治理结构中，职业学校和合作企业应同等重要，即汽车的两个轮子和鸟的两个翅膀一样，没有侧重和偏向。

职业学校具有一定程度的公益性，在法律上属于法人的范畴。企业是以盈利为目的的组织。在职业教育学校与企业的合作管理中，双方需要承担各自应当承担的责任，主要的合作点包括围绕优质教育人才技能，改善企业的经济利益这些双方的根本利益之间相结合的地方，建立促进利益的机制、限制校企合作合同的机制和校企创业合作机制，利用校企合作委员会章程或协议规定限制校企双方的责任权利。

学校和与学校建立合作的企业采用参与式制度，建立学校与企业具有平等的主体地位的结构化学校模式，形成由资本联系起来的利益共同体，成立具有法人资格的学校企业合作委员会，借鉴公司治理经验，参照《中华人民共和国公司法》等相关法律法规制定内部治理规则。

学校和企业合作是基于项目的合作模式，支持和合同标准等项目，构建双主题的一个学校的运作方式，确保建立基于项目的机构和法律体系建设，创造良好的气氛和体制，并为学校和企业都具有主体地位的办学提供强有力的保障。

需要重新界定监督活动的多元治理模式，需要建立一个涉及该集团不同机构的适当机制。

研究合作委员会应设立一个与学校、企业、工作人员、学生和家长有关的机构，作为监督理事会作为学校遵守情况的机构。履行和尊重双方的任务和责任，应成为学校年度工作报告和企业社会责任报告的重要组成部分。

校企合作指向的是学校和企业命运的统一，使学校的利益、职责、文化和感情与公司的利益和感情相协调，为利益、职责、文化和感情和谐相处的“四合一”新模式创造了一个基本框架。

在新时代职业教育培训快速发展的进程中学校与企业合作的新内容、新形式不断涌现，学校和企业联合的创建和有效运作面临诸多挑战。因此，必须坚持科学的发展观，采取适当的方式和措施，促进职业培训和校企合作的健康可持续发展。

学校企业间合作的重要基础是具有共同的利益。学校企业可持续合作的胜利，需要这种共同的利益作为保障。因此，新时代学校企业的合作应该以相互利益和维护相互利益的想法为基础，建立公平的学校企业利益共同体。

首先，我们需要践行正确对待利益和道义的观念。建立面向商务市场，利益最大化，学校和企业合作，公司支付服务费用的整体化体系，企业是一种以盈利为目的的经济组织，必须尊重企业的正当盈利，为学校、企业之间的合作的可持续发展做出贡献。如果企业参与校企合作项目的目的是在较短的时间内获得短暂的利益，则会有鼠目寸光之嫌，难以为长期的稳定发展提供坚实的支柱。因此公平性应该以均衡性、利益指向性的利益为基础，正确考虑企业的利益，保证企业通过与学校的合作获得红利，设定长期的开发目标，承担适当的社会责任。

其次，政府应在学校与企业的合作中引入法律、财政及其他安全系统，以保护企业的合法利益，鼓励企业积极参与学校企业的合作。例如，政府为学校与企业合作的社会企业提供政治支持，金融机关在学校、企业之间的以及学校之间的整合及对合作项目计划的资金筹措减少限制，学校和企业之间的合作项目建设奖励按标准对学校、企业合作的参与企业减少费用。实行结构性减税，在学校与企业合作中对企业参与减税提供充足的支持。根据相关规定及适当的经济奖励，对于改变学校、企业合作模式下地区社会生活的以及做出相当贡献的企业，构建认证系统进行表彰和奖励。

最后，要打造学校企业间合作发展的平台。整合职业教育机构及企业的优质资源，发掘学校企业合作的机会，保障所有当事人对学校企业合作的共同开发，创造大的共同利益，提高合作价值，共享开发结果。举个例子，产业研究机构指的是一起构建和企业及学校提供人力资源及实验室装备，职员教师及学生一起完成开发，负责修改及生产的设计，追加短板，为教师及学生在学校中提供受到训练的机会，为企业提供技术服务、资源，对优惠和经济利用价值最大化。

校企合作的基本原则是平等和共同合作。因此，开展校企对话与谈判，构建理论与道德融合的共生机制，是构建校企命运共同体的根本保证。

从宏观层面来说，要建立校企合作的协调机制。组织政府主导职业教育—企业合作联席会议，引导政府部门、行业、企业、学校等利益相关者，在制定职业教育—企业合作政策和计划过程中增加企业发言权。中期，根据各地区产业发展情况，在实践中建立职业教育集团。

定期召开职教班组会议，组织校企合作大会，宣传积累经验，发现问题，提出对策，形成有效的职教校企对话机制。职业教育集团建立了校企合作服务机构，利用信息平台免费提供校企合作、人才供给等各种信息。要从微观层面拓展企业参与教育培训过程的渠道，使企业主体真正参与到职业教育的全过程。职业学校应当补充校企联合发展委员会，定期召开业务会议，由企业专家和学校教师共同决定学校发展的重大事项。

企业专家和职业学校的教师，建立一种长效的互动机制，例如学校邀请一些企业技术骨干作为技术技能兼职教师，允许企业员工与兼职教师两种角色由一人承担，在学校的表现和训练过程中唱主角。它有效地将企业人才招聘标准与职业学校人才培养标准相结合。

学校和企业的典型工作方式是谈话分析和制定措施建设和培养学生，在共同的文化和发展人才方面下功夫，重视专业课程体系的建设，保证学生的实习培训专业化，以充足的理性将学校以及企业之间的情感融合紧密联系起来。

学校和企业在培养人才、创新知识和科学研究方面有各自的优势，因此它们应该加强自己的责任，建立一个具有互补优势的学校与企业责任共同体。

第一，完善校企合作教育的法律制度，加强有关法律法规的约束力。为了监督和敦促企业履行其教育的责任，应尽快建立一套标准的企业社会责任，其中应包括教育的责任，企业应采取具体评价标准，企业履行责任的评估结果应包括在企业社会责任报告中。

第二，在学校和企业之间建立一个合作理事会，以澄清每个伙伴的权利和责任。请第三方监督部门审查企业和职业学校的资产，并在平等的基础上以合作的形式建立牢固的关系，以实现共同的管理和共同的利益。主要机构是持有大量资本投资的一方。另一方共同组成董事会，协调和管理校企合作事务，并遵循校企混合所有权的发展道路。

第三，采用一种新的企业学徒制和现代学徒制学校，与企业的生产和管理有机地结合起来，充分发挥企业培训的主要职能，重视教师、学生在科研攻坚中的作用。

第四，职业学校应该加强学校和企业之间的共生意识，提供企业需要的社会服务，并真正成为企业发展的智囊团。学校与企业建立了深入的合作，并设立了企业发展研究中心，处理企业科学技术研究项目，它与企业进行应用研究，帮助它们有效地解决问题。与此同时，职业学校的教师应研究企业的发展状况、实际问题和未来发展趋势，并根据企业的需要定制面向应用和技术的培训课程。这将大大增强企业内部培训的效果，并促进企业人力资源的开发。

校企合作所建立的命运共同体是校企合作的理想形式，应该成为职业教育中校企合作发展的目标。在今天的新时代，为职业教育和学校企业建立一个共同的未来社区的环境已经成熟。迫切需要为职业教育建立一个共同的未来社区，并开放学校与企业合作的最后一英里。

然而我们也应该认识到，在职业教育领域建立学校—企业命运共同体是一场旨在促进职业教育运作方式变革的革命，这是不可能一蹴而就的。双方应共同努力实现这一目标。

学校和企业“双向互动”的合作机制的实施，必将双方互利共赢的局面。就学校而言，在其预算和财政资源范围内，建立“一体化”的实践培训中心，发展实用和生产性培训活动，并推动改革职业教育中只通过学习“一体化”的员工培训模式。对于企业来说，学校提供低成本的场地、设备、技术、培训和人力资源，投入大量资金，进行研发，以实现企业的利润目标，包括降低成本、培训成本和经营成本，提高经济效益。对企业而言，一个动机良好的教育承诺可以产生一定的社会影响和一定的品牌效应。同时，学校提供了强大而扎实的人才和技术支持，优势明显，具有充分的商业发展动力。

校企合作办学一直是职业教育盛行至今十分重视、全力以赴推动的办校措施。要在我国开展职业教育，就必须从多方面加强校企合作。这是让我国的职业教育与社会的需求充分适应的有效途径，能为社会提供真正有用的人才，使每个接受职业教育的人都能享受到应当享受到的教育，充分体现了社会进步，有利于维护教育公平。自职业培训开始以来，校企合作一直是备受重视和有针对性的学习举措。多年来，职业学校也取得了非常积极的成果，丰富了合作的各种要素，创造了许多良好的合作方式，积累了许多良好的经验。但大体上看，合理、可持续性地推动校企合作办学的方式并不是很多，艰难和阻碍也很显著。

在社会主义市场经济条件下实现效率最大化是管理的主要目标，实现效益最大化是企业管理的最高目标。这就需要企业在发展自主创新中，获得专业能力优秀人才，以合理地推动企业本身的快速发展和运营。然而，在现实的发展中，企业并没有认识到培养人才的责任和义务。除此之外，针对校企合作办学的管理模式，政府工作部门在财政政策、现行政策等层面也没有为企业和学校提供合理的管控和适用的方针政策。内因是事物发展的根本动力，在内因层面，企业和学校在校企合作的管理上的投入相当有限。这就导致了存在许多校企合作效果不佳的问题和现象，长期来看没有成熟完善的人才管理方法和机制。

要将我国的职业教育办好，在各个方面加强校企合作办学是必然选择。根据我国现在的实际情况，校企合作是一种多元化的管理模式，但在运作、维护和管理等方面仍存在一些问题和不足。

第一，学校对于校企合作的热情不言自明，问题主要出在企业端。一些学者认为，中国企业参与职业教育的困难在于，一方面企业参与的动机和热情不足，参与程度有限；另一方面，参与的企业往往把实习生当作廉价劳动力，只是安排他们处理一些没有技术含量的工作，难以让学生获得真正意义上的实践学习，仅仅是学生的提前上岗工作，学生不能真正从校企合作实习中学到东西。更有一些情况，学生的实习与其在学校学习的专业是脱节的，不能做到学以致用，学生学到的理论知识和专业知识没有被很好地应用到实践之中，不利于学生全面、准确地理解所学知识。

第二，企业对于学生的不重视还会引发学生的不满。学生的校企合作实习缺乏技术含量，不利于学生练习学过的技术，也不利于学生对于实习建立较高的满意度。学生的不满在学生自身层面以及社会层面都有潜在的风险。学生对于实习没能让他们学到技术这件事不可避免地会有看法，认为实习不过是提前工作，没有意义。这种不满通过学生传播到社会层面，在整体上，对于校企合作办学的评价就会降低，不利于建立网络化治理下校企合作办学的良好声誉。

第三，校企合作不能保证完全遵守劳动和教育相关的法律，具有一定程度的法律风险。从本质上讲，简单地从学校到企业的劳动力转移工作与学校与企业合作的根本目标背道而驰。此外，学校将学生作为廉价劳动力输送给企业不仅是校企合作建设之下企业对学校的要求，而且学校也可以从中受益。

由于企业和学校能够在这一过程中产生利润，因此不可避免地会有专门的劳动介绍办公室来促进交流。转人劳动力市场的学生作为最直接的受影响主体，对职业教育的社会声誉承担着最严重的后果。教育主管部门一直非常重视这一方面，并在这方面多次制定规则和限制。例如，规定学生在职场中的实践培训不应低于企业新员工的同等待遇，这不仅可以阻碍利润空间，还可以消除学生的不满。然而这可能导致接受学生实习的企业成本增加，因为很有可能学生无法在工作场所达到新员工的表现。2021 年 5 月，教育部发布了关于继续加强职业学校实习培训的通报。关于如何深入解决这些问题，目前的研究还有待提升和完善。

第四，企业的性质决定了其很难积极参与校企合作的建设。企业是以市场为导向、以利润为导向的社会经济组织，自主经营，自筹资金。但是教育是公共事业的一部分，主要侧重于责任和社会福利。对人才进行培训对于企业来说不是一项法律法规规定必须进行的任务，企业很难对此负责。

目前来看，关于企业在人才培养方面的问题也缺乏相关的法律法规。《全民所有制工业企业法》规定，企业有权拒绝任何机关和单位向企业摊派人力、物力、财力。除法律法规另有规定外，任何机关和单位以任何方式要求企业提供人力、物力、财力的，都属于摊派。《中华人民共和国公司法》规定，企业应当采用多种形式，加强企业职工的职业教育和岗位培训，提高职工素质。这里的“企业职工”指的是企业内部具有劳动合同和劳务合同的人员，是企业内部的职工。针对校企合作模式下企业应当对于学生开展什么样的培训，目前的法律法规要进一步完善。

在企业与学校合作建设校企合作班这一层面，也有法律的规定。《中华人民共和国合伙企业法》规定，合伙企业的分类包括普通合伙企业和有限合伙企业两类，规定国有独资公司、国有企业、上市公司以及公益性的事业单位、社会团体不得成为普通合伙人。成为合伙人是以其认缴的出资额为限对合伙企业债务承担责任，这是对于校企合作程度的限制，尤其是国办的属于事业单位范畴的职业学校，能且只能进行有限的校企合作。校企合作需要本着学校和企业双方自愿的原则进行，企业有与学校合作的自由，也有不与学校合作的自由，企业可以愿意与学校合作但是不强制与学校合作。

第五，政策方面还有提升和完善的余地。学校和企业之间的利益都是政府政策应当考虑的方面，学校和企业之间的关系并不一致。职业教育学校，尤其是公办的职业学校属于事业单位，它们的思维方式更多地以政府为基础。这些学校希望政府制定要求企业实施的政策和立法法规，政府带头实施企业与学校之间的合作。事实上，依靠国家支持能够有效地促进学校和企业建立合作关系，一般需要有政策层面的政府文件作为依据，文件主要发挥着指导作用，缺少法律法规的强制性，不能充分执行对管辖范围内不同地区的管理职能。

近年来，在国家高度重视职业培训发展的特殊情况下，政府确实采取了积极措施，制定政策和规章，促进行政管理。在这些政策中，优惠政策如对企业支付的培训费用提供额外信贷、对当地教育费用的补充以及对“金融＋土地＋信贷”的奖励组合，也可以刺激企业。

为了在学校和企业之间建立具体的合作关系，企业必须进行经济和财务评估。毕竟，企业还必须有社会责任。也就是说，作为社会组织，企业社会义务超过了其目标，企业没有把利润作为唯一目标，但也应注意他们的生产过程中对社会的贡献。毕竟，企业社会责任是一种自愿的行为，涉及社会福利的广泛领域，包括环境保护、安全生产、社会道德和公共利益。应探讨如何在现有的公共福利事业范围内有效地将支持和参与学校的运作结合起来。

解决这一问题，应当从不同的角度进行管理，以使各个层面都承担自己需要承担的责任，共同增加网络化治理下的校企合作管理工作的有效性。

第一，建立校企合作的管理机制，在教育和职业培训领域，由政府管理，并广泛共享。新的管理机制集中于政府、企业、学校和社会主体之间的协调和统一，这必须体现出政府的主导地位。通过建立和管理专门机构，改进和优化学校与企业的合作管理机制，将市场化运行贯彻到校企合作的始终，为维护双方的共同利益做出机制层面的保障。

在完善政府层面的管理机制时，部门的主要作用是建立合理的监督和协调机制。学校与企业的日常合作管理的进行是政府部门需要注意的，特别是通过负责组织的部门和组织，使之能够调和学校与企业的利益，实现融合。此外，政府必须建立明确的机制，通过相应的奖惩制度来管理学校与企业合作，并为学校与企业合作机制的专门发展提供一个良好的法律框架。

《国家职业教育改革实施方案》提出："各级政府要建立与办学规模、培养成本、办学质量等相适应的财政投入制度。"制定优惠政策有利于企业的利润增加，减轻或消除税收负担，为企业带来实际利益。实施财政补贴，这是最实际的措施，至少足以补偿公司的成本。要相应增加教育附加费，扩大教育财政投入中职业教育的份额，明确将其用于校企合作领域的产教融合。

第二，学校应当在校企合作的管理层面做出自己应当完成的。需要在学校层面发展新的教学理念，进行教学管理模式的完善和创新，为校企合作管理机制的发展和运行提供坚实的运行基础。《职业学校校企合作促进办法》第 6 条指出："职业学校应当根据自身特点和人才培养需要，主动与具备条件的企业开展合作。"职业学校需要以培养目标为中心，紧密结合培养目标，综合系统地设计专业课的教学大纲和人才培养方案，将课程知识分为理论知识学习、实操学习以及实习工作学习三部分，建立合理的比例和全面的系统。

除职业教育利用校企合作作为发展方式之外，职业教育也建立在学校和企业之间合作的基础上，就像世界著名的在加拿大滑铁卢有较大的作用的合作教育。在中国的一些企业里，合作教育也开始被使用。合作教育最重要的特点是在公司实习。上了五年，在公司工作了二十个月，很容易让人认为这种教育就是职业教育。这种看法是一个巨大的误解。

事实上，普通教育没有必要与职业培训划清界限，但合作教育模式更注重企业环境和对学生实践的影响。职业教育要求学生要学会工作、学会生活、学会与人相处，还要学会学以致用。这种教育形式在学校和行业之间进行合作，以更灵活的方式组织内容，更加注重利用工作环境来提高学生的整体质量。在学生的实践活动中积累的经验、学术能力和学习能力可以转化为学生实践的学分，将工作实践紧密结合到学习过程中，改善了原有的两条腿模式。这种模式特别注重通过加强职业建设的内容、教育和培训合作来改进学习习惯，以便使工作和学习的结合更加有效。合作教育模式扩大了学校和企业之间的合作，同时也是职业教育的灵感和借用。

建立和运行相应的服务体系。根据校企合作管理的需要，加强校企机构之间的合作，并在资源优化过程中为校企合作提供财务管理和服务支持。校企合作作为职业教育人才培养的必经之路，其中的经费应当包括在职业教育人才培养的基本开支之内，至于落实到实操之中，学校应当是资金投入和财务运作的主体，对于这两点应当有明确的制度。针对学校要想筹集资金，向企业支付培训费还有很多障碍，包括政策配套、资金落实、制度到位等。针对一个整体可能会存在一定的困难，但是可以找到切入点，以某一部分可以作为试点的事项切入，在有条件的地区做试点运行工作。

第三，在企业层面上，在高校与主营企业相结合的基础上，以高校与产业合作市场为目标，在符合整合市场需求的条件下，实现高水平人才的发展，加强高校与产业在管理与秩序方面的合作，实现校企联合建设的培训基地建设，为市场化发展和培养提供有效的发展空间。传统企业对人才的被动吸收可以通过加强学院与行业之间的合作管理机制，通过学院与行业之间的合作环境、鼓励创新人才培训、提高企业自身对人才的需求和培训得到改善。

企业作为校企合作的主要参与方之一，其培训体系应当有所提升。职业课程的结构是为了在普通课堂上进行培训和学习，包括课堂学习和在职学习。合作企业提供的生产场所必须与学生的专业学习相适应或紧密结合，而为学生提供的实训场所必须包括大量的实践经验。在校企合作计划中，教育目标必须与企业协商确定，必须是实习项目的核心。实习显然不能完全脱离简单的工作，但是学生对生产过程的理解和参与是一个必要的步骤。简而言之，学生必须掌握知识和专业技能。

关于校企合作，“让专业的人做专业的事”是有效的方式。购买专业的服务应该是最直接、最有效的推进校企合作的方式，无论服务的提供者是学校还是企业。尽管有巨大的投资，专业服务购买仍然局限于一些大型项目。对于双方来说，如果企业需要帮助，可以对学校进行投资，以实施或支持项目的进行。学校也可以投资以获得企业的服务。一旦服务购买成功，它显然是普遍的、稳定的、可持续的。这种模式对于校企合作有较为长期稳定的意义，是可以长期推进的模式之一。

必须避免学校与企业之间的合作所产生的成本难以控制和其他风险情况的发生，以促进学校与企业之间的合作长期稳定地进行和发展。关于安排学生在企业中实习这一主要的教育教学任务，自然学校对此做出了贡献，但也必须在安排过程中承担风险。这种风险承担与学校作为人才培养机构的性质密切相关。企业的投入和责任显然更大，在大多数情况下，人才培养不是企业必须投资和承担的任务。例如，实际指导和使用管理人员，消耗教学材料和设施的磨损，为学员提供生活和工作条件等。

可能发生的问题和风险主要涉及员工的人身财产安全，设备的合理利用和安全使用，合作关系、现场工作与变动之间的矛盾与冲突影响生产秩序。影响生产秩序的问题，涉及生产过程的技术秘密和商业秘密的泄露问题，涉及企业缺陷的暴露问题，对商业信誉的风险，等等。这些非生产性活动的额外付出将被计算，是影响学校企业间合作的最重要因素，特别是学校合作的内部方面，需要加以考虑。因为在实际上的校企合作不一定是企业的社会责任，也就是说在校企合作的过程中，在这一领域，校企只有合作，才能满足实习的需要，其他的情况下，学校只能寻找合作的条件来满足，同时也可以利用自己的优势来提供援助和企业，支付企业的费用，承担可能存在的风险，这取决于不同学校的具体情况。例如，企业的发展需要四种资源：资本、人力、信息和能力。

第四，在社会层面上，就社会各界而言，首先要实现校企合作管理机制的理念认知和转变，为校企合作提供良好的社会环境和氛围，共同加强校企合作的建设和发展。此外，行业协会还需要加强对劳动准入制度的管理，加强行业间的规定和要求，为学生的岗前培训工作和学生的管理理念提供参考。最后，对学生的管理模式和政策要求在立法实施过程中也需要改变学生的管理模式和要求提供参考。

第二节　网络化治理下职业教育校企合作的机制保障

一、法律和政治层面的机制保障

在法律层面，应当明确网络化治理模式下职业教育的校企合作制度。

教育是否涉及法律和监管，企业在发展过程中是否听取有关企业和行业协会、工商会的意见？即使没有反对意见，也有必要考虑到在执行法律规定方面的限制，因为其权限实际上已经适应了。如果企业对于法律法规的了解程度有限或者不认同法律法规，则会产生反对的意见，不利于企业将执行法律法规和追求正常的经济利益相结合。法律法规的制定必须充分考虑作为市场主体的企业的意见，避免打乱企业的正常生产经营计划，防止企业对于政策阳奉阴违。

教育法规很难对于企业进行严格的约束。目前，一个具体而有力的激励措施是建立一个综合的工商业和教育体系。加强企业对社会福利的投资是一个共同的趋势。要抓住这个机会，迅速填补社会服务法律法规中与企业有关的空白。通过审查公司法，可以增加企业必须履行社会责任和义务的内容，明确参与学校与行业合作的条件，促进人才培养，但有一个具体的严格限制，应该由法律来考虑。

国家发改委、教育部 2019 年 4 月印发的《建设产教融合型企业实施办法(试行)》提出 6 项具体条件，主要的侧重点在建立校企合作的方面，将重点放在产教融合上。党的十九届四中全会提出“重视发挥第三次分配作用，发展慈善等社会公益事业”。党的十九届五中全会提出“共同富裕”的发展目标，这些倡导措施都是对于网络化治理模式下校企合作发展职业教育的政治和法律层面保障。

二、组织变革与机制保障

制度变革与组织变革密切相关。它不仅实施了职业教育关键建设政策的改革进程，而且还伴随着职业学校的组织变革。示范建设有助于职业学校的全面组织改革。推动示范学校的建设是中国职业学校转型的大规模发展内涵的重要推动力，有效地提高学校的办学力量、改善管理水平和质量培训，在职业学校教育的发展和进步中发挥着示范作用，走在职业教育创新发展的前列，提升了人才培训的质量，服务于区域产业发展的能力和创造高质量专业人员的能力。建立一所主要示范学校的历史和做法从一个点到另一个点逐渐增加，并继续为学校的改革和发展做出贡献，不断向体系化发展。更简单地说，这一政策的系统性改革作出了贡献的关键，大力建设新型职业学校，并开始逐步摆脱传统职业学校的组织模式，形成若干发挥良好的作用的示范性学校。

职业教育课程改革也是示范建设政策组织的重要组成部分，大量的职业学校选择先进的概念，紧密融合优秀的特点和高就业水平的职业支持。就改革的主要目标而言，它经常被用作改革职业学校的主要措施。

双重计划将改革的重点转移到了专业建设上。在示范学校建设期间，职业化课程是职业教育改革的一个关键方向，但不是主要领域，以职业教育专业方向为职业学校改革的中心。由于职业教育专业方向群体设计体系的发展，“双高计划”将职业学校的组织改革推进到组织改革阶段，因为职业群体是主要驱动力和关键因素。依据从外到内的关系来看，专业小组以专业和教学关系为出发点和落脚点，逐渐在企业和教育之间形成多维合作链。“双高计划”改革的核心是“职业群体”，融合和发展了产业与教育二者。这是教育和产业一体化上升到一个多方面的协同作用，并进一步强调典型的职业教育属性。

中国职业学校的发展过程表明，职业学校的组织变化反映了相对明显的模仿特征。大多数职业学校在发展的早期，很大程度上受到自身原来的学校的限制。这种情况与职业学校自身的发展历史有一定的关联。作为一个普通的职业学校，它们试图赶上其他以研究为中心的普通职业学校，采用的方式是模拟逻辑变化的形式。职业培训学校的组织结构也开始建立在一个部门系统的基础上，而不是在专业小组和生产结构的基础上。

组织建设和相关技术规范需要与职业学校相适应。在职业学校发展的改革过程中，对途径的依赖尤其明显，对政策的依赖可能成为对途径依赖的新因素。

各级组织学习包括政策目标、地方政府参与模式、职业学校改革实践等方面，都是在建立模式时期形成的，将影响职业学校的进一步发展和改革。改革通过模式推动职业教育的发展，在一定程度上改变了职业教育发展的方向。

目前，职业学校的项目研究组织模式和运作机制正在不断优化，以适应教育的方向，符合行业需求的逻辑。在职业方面，对优秀学校的支持项目集中于创建一批具有领导能力的高级组织和专业团队，支持发展具有中国特色的，世界级的职业教育项目，推动职业教育深化改革，提高学历水平，实现素质发展。

企业对职业教育的参与通常被认为是职业教育创新的核心，特别是在职业培训的新发展阶段。企业参与不仅是职业学校进行教育和教学活动的重要组成部分，而且是职业教育类型特征的重要指标。

首先，产学研合作已成为职业教育发展的政治共识。由于企业的身份和地位的变化，在不同的发展阶段，企业参与的形式和程度也有很大的不同。根据国家规定，企业作为重要的职业学校校企共建合作方，与学校达成协议的数量越来越多，企业参与和完善职业教育的政策不断完善。《国务院办公厅关于深化产教融合的若干意见》规定，企业是校企合作的重要主体。《职业学校校企合作促进办法》指出，产教融合、校企合作是职业教育的基本办学模式，是办好职业教育的关键所在。发挥企业在实施职业教育中的重要办学主体作用……校企合作实行校企主导、政府推动、行业指导、学校企业双主体实施的合作机制。《国家职业教育实施方案》强调，校企共建应当做到“产教融合，校企双元育人”。

其次，企业的参与界限也成为限制有效参与职业教育的一个重要因素。在实践中，企业在职业学校的招聘、培训和就业中发挥着重要作用。然而，从目前的调查和研究来看，企业的参与效率和热情仍然相对较低。企业对参与校企合作职业培训没有热情，其大多数合作只是表面现象，企业对学术教育不感兴趣，主要的表现是不愿意与职业学校合作。

这些问题的原因是企业参与的限制并不明确。确定企业参与校企合作培训的界限是实现高质量职业学校发展的关键。企业参与边界主要由两个关键因素决定：一是保持公私政策边界；二是确保投入/产出的效益边界。前者决定了高职院校允许企业作为市场经济主体参与的程度。这决定了高等教育在多大程度上允许企业成为市场经济的参与者。根据现有的政策安排，企业承诺的限制只提供了参与的内容和形式，但参与的程度尚不清楚，这决定了企业对学校的热情。从理论上讲，作为一个以利润、生产和贸易商品和服务活动为目标的经济组织，不论其目的为何，参加职业培训的企业都将受到预期费用和收入的影响。根据企业的盈利性质，企业参与的决定性因素是经济因素。

再次，企业参与高职院校的补偿性交易成本问题是决定企业参与积极性的关键。然而作为高等职业教育的一个重要主体，企业并不是产权所有者。当企业的学科身份不能得到产权保障时，由于参与利益的不平衡，企业的参与积极性和参与程度都会降低。国外职业教育发达国家的经验也表明，当企业作为决策者或财产所有者参与职业教育时，职业教育与企业需求之间的距离将逐渐缩短。现行政策承认企业参与，忽视企业参与的界限，对有效落实和推动职业教育发展目标构成隐患。

最后，扩大企业参与范围，注重维护企业利益，提高企业参与的主动性和深度，已成为国家职业教育政策安排的核心内容之一。现行政策对企业的参与形式和保障措施提出了较为明确的指导意见。但是企业参与职业教育不仅仅是社会组织的社会责任，更重要的是衡量参与的收益。扩大企业参与的边界只是一个开始。在资金的后续使用中，要注重对相关教育教学活动投入的监督和引导，如企业职工培训费、学生实习培训费的转移支付，企业参加职业教育的减免税等。导致职业教育产教融合政策变迁的外生变量包括经济制度、政治制度和社会文化。经济体制的调整是产业教育一体化政策变化的决定性因素。中华人民共和国成立以来，随着计划经济体制向市场经济体制的转变，市场作为配置教育资源的手段越来越受到重视，职业教育参与者的生存环境发生了巨大变化。政府不再直接干预职业学校和企业部门的活动，开始分散办学权力。企业部门可以根据自身发展开拓教育市场，选择匹配的教育合作伙伴。职业学校被纳入独立办学主体，但也失去了政府和企业的有效支持，影响了参与职业教育的积极性。职业教育逐渐与产业发展脱节。为缓解市场失灵导致的产教分离矛盾，调整了职业教育产教融合政策的内涵和手段，完善了政策支持体系，更加注重政策的操作性和教育产教融合的发展模式。

经济领域的变化逐步促进了政府职能从高度集中管理到分散治理，政府职能从控制到合作再到高等职业教育管理。然而，由于政府的集中管理思维和模式的长期和深远的影响，政府已成为制定职业教育政策的单一主体，缺乏高职院校和社会力量的参与。在合作的实施层面上，由于大多数政策倾向于文件的指导，缺乏实用性，对相关主体的约束力小，职业教育管理的协调合作程度低，难以实现高质量的产业教育整合。为了提高产业教育一体化的质量，政府必须不断出台政策和措施，继续加强对产业教育关系的干预，为深化产业教育一体化提供保障。

社会文化因素也影响了职业教育产业和教育一体化政策的变化。随着社会经济的发展和教育水平的提高，社会职业教育的观念发生了变化。我国在发达国家引进了成功的职业教育人才培养模式，教育机构也开始重视职业教育，积极探索职业教育的途径。然而，中国社会始终以教育水平来决定个人的社会地位，轻视劳动的传统观念和价值取向根深蒂固。因此，社会对职业教育的接受度不高，职业教育是一种没有选择的选择，不能进入好学校而接受职业教育，职业教育的发展任重道远。这也成为政府在不同历史时期出台相关政策、改善职业教育地位、促进职业教育发展的动力。

职业道德教育产教融合政策的演变并不是随意进行的，不仅没有受到中国经济贸易体制、政治工作体制和社会主义文化等外生变量的影响，各参与主体、学生之间的内部环境利益诉求同样也推动着政策的变迁。职业技术教育的参与主体内容包括我国政府、产业和学校。从政府的角度分析，新时代的政府会继续深化简政放权，创新监督控制方式。为了逐渐转变原先政府“全能型”的角色，需要不断提高改革和推出新的政策去规划、协调和监管职业教育目标市场信息资源，明确各参与主体的地位、责任和支持力度，促进其自主经营发展，畅通各方协同育人渠道。职业院校与产业生产部门的发展有着密切相关。新时代推动世界经济建设高质量发展，需把重点问题放在产业转型升级上，而产业的转型升级过程中需要依托人才。职业院校作为一种主要的人才供给端，输出的人才质量却滞后于产业升级的需求。为了能够解决这些人才供需结构的矛盾，职业院校和产业部门在人才培养各环节的设计需要进一步实现深度融合和精准对接。由于他们长期受政府为主导的行政成本管理的影响，无论是职业院校和产业部门都缺乏独立自主品牌意识，习惯处于被动地位，限制了主体作用的发挥，因此政府应该制定一些具体的鼓励与支持性政策调动职业院校和产业部门的积极性，培养产教融合参与主体的自主合作意识，以保证各方主体作用的发挥。

三、构建组织融合与机制保障体系

第一，构建多元产教融合政策制定组织体系。

政府在我国职业教育产教一体化政策的制定中发挥着主导作用。通过政策制定，政府可以宏观分配产业教育部门的各种资源，协调产业教育一体化发展。然而在当前经济和职业教育发展的背景下，国家一级的产业教育一体化政策不仅与政府实施宏观监管的职能有关，而且与职业院校、行业企业等利益相关者的发展密切相关。因此，政府在制定产业教育一体化政策时，应积极协调各方力量，关注职业院校、行业企业等利益相关者的实际需求，让各方主体参与产业教育一体化政策，提高其在政策制定中的影响力，建立多元化的政策组织体系，使产业教育一体化政策内容和目标更符合产业发展和职业教育发展。

第二，完善产教融合政策支持体系和保障机制。

国家和各级政府部门应当在促进和实施产业教育一体化的基础上，为职业院校的产业教育一体化提供良好的政策支持和保障。首先，积极落实国家职业教育改革实施计划，完善国家职业教育体系和深化产业教育一体化的要求，引入产业教育一体化的配套政策，使职业院校、企业在产业教育一体化实践中有法律规章制度；其次，完善多学科协调办学、教育治理的配套体系建设，倡导行业主管部门或组织企业参与各体系建设，形成利益相关者参与的多元化模式；最后，完善激励和资金投入机制。一方面，中央财政应提供强有力的政策支持和资金保障。地方各级政府应根据区域特点增加产业教育一体化的资金投入，确保产业教育一体化的教育资源的有效供应。另一方面，要大力推进产业教育一体化示范基地建设，在推进和实施产业教育一体化实施办法的基础上，不断完善产业教育一体化的激励措施。

第三，建立和完善产教融合政策执行体系。

首先，在政策实施体系建设中，要提高政策的指导性和实践性。通过对产业教育部门的深入研究，深入分析产业教育一体化政策实施的现实和问题，完善政策实施体系。其次，产业教育一体化政策的实施应确保方向正确，因此在政策实施过程中应逐步建立纠正和监督机制。这样，各部门就可以打破政策实施过程中的经验论，实施科学决策，确保政策实施的方向没有偏差。最后，在政策实施过程中，政府部门应努力确保各方在资源分配方面的相对公平。

开展校企合作是帮助学生就业的民生项目，是实现校企共同发展的基础，促进地方发展的引擎。要提高认识，加强系统思维，充分发挥政府、学校、企业的作用，积极搭建平台，完善校企合作机制，努力突破产业与教育一体化发展的障碍，促进学校的健康发展，不断为企业输送人才。认真研究规划校企合作的工作方法，建设培训基地，支持学校在企业建设培训基地，企业在学校建设生产车间。加强专业建设，将校企合作与政策和财政支持联系起来，促进学校专业人才培训与企业就业需求联系起来。定期开展校企互动活动，制订工作计划，完善工作措施，促进企业进校园、学生进企业，开展双向沟通，实现共同改进。优化就业服务，开展校园招聘活动，积极推荐学生到当地企业实习培训，加强学生就业宣传和指导，制订工作计划，完善工作措施，加强组织领导，严格工作考核，严格工作纪律，将校企合作纳入教育工作考核评价体系，加强市部门、县、区政府、学校、企业责任，定期开展校企合作对接会议，深化产教一体化建设。

第五章 职业教育网络化治理下的人才培养模式

百年大计，教育为本。在职业教育人才培养的过程中，应当采取一些与时俱进的新型培养方式，以提升职业教育人才培养的效率。职业教育应当是全面的教育，是为学生全面发展奠定基础的教育，应当与目前的经济社会发展需求相适应。本章主要论述了职业教育的培养目标是发展学生的职业能力，以现代学徒制为范式的职业教育人才培养模式改革，为职业教育新模式提供发展支持的平台以及职业教育多主体治理机制。

第一节 以职业能力为基础的职业教育培养目标

一、职业教育培养目标的理论基础

习近平总书记对职业教育工作作出重要指示，强调在全面建设社会主义现代化国家新征程中，职业教育前途广阔，大有可为。政府层面对于职业教育发展提出了支持性的政策，中共中央办公厅、国务院办公厅印发《关于推动现代职业教育高质量发展的意见》中提到职业教育的主要目标是到 2025 年，职业教育类型特色更加鲜明，现代职业教育体系基本建成，技能型社会建设全面推进。办学格局更加优化，办学条件大幅改善，职业本科教育招生规模不低于高等教育招生规模的 10%，职业教育吸引力和培养质量显著提高。到 2035 年，职业教育整体水平进入世界前列，技能型社会基本建成。技术技能型人才社会地位大幅提升，职业教育供给与经济社会发展需求高度匹配，在全面建设社会主义现代化国家中的作用显著增强。

职业教育有利于培养复合型技术技能人才，是现代教育体系中的重要组成部分之一，与普通教育具有同等重要的地位。从人力资源管理的角度来看，建立正确的职业教育体系在个人接受教育、谋求自身发展中很重要，可以上升到实施“能力”的战略高度，以了解现代职业教育面临的新情况、新问题。对于个人的培养可以上升至国家战略层面，要求提升新一代劳动者的素质，培育具有多种技能模式的人才，在人才培养的目标、模式、路径等方面不断创新，以新的思路为指导，寻找新的人才培养方式，建立人才培养新模式，不断创新人才培养的体制机制。

职业能力的需要是一个新的概念，它显示了以新形势为根据制定目标的能力。如今，在人工智能、大规模技术和云计算等新兴技术的推动下，新兴技术是众所周知的。例如，职业学校应当按照《2020全球人工智能发展白皮书》所指出的人工智能广泛应用的趋势，优化原有的人才培养方案。人工智能技术在简单和重复的机械作业上工作，所以许多工作被AI取代，生产效率被调整。在这种背景下，人才需求也发生了显著的变化，员工的技能需求也有所增加。在未来，通过传统学校技术培训的个人技能将无法满足企业和行业日益增长的需求。

对于职业学校而言，适应时代的必然方法只有改良原有的人才培养模式。

因此，需要加快人才培养目标和理念的重塑，把企业的需求作为人才培养的基础，建立新的人才培养目标，不要只关注技术能力，而是付出更多对高层次复杂能力形成的关注。

在教育理论方面，对于职业教育的培养目标可以寻找到明确的理论基础。职业教育和培养计划旨在开发和实施实现课程目的的内容。职业教育和培养目标是以课程的目的取得这方面的成绩的，也可以说是达到了预期的效果，提高了培训的质量。课程的目的是旨在确保学生达到知识、技能、意见等要求的水平，旨在清晰、明确和详细地描述每个活动所需的过程，并提供开展特定活动所需的能力，包括知识、技能、习惯、价值观、态度、品味等要素。教育目标具有层次性，教育目标是教育的总方向，反映了教育的普遍性、共同的局面和教育的最终成本。职业教育和培养计划的目的是提供最高水平的教育，这反映在国家教育政策、教育基本法和地方政府的教育政策中。

教育的目的之下，是课程目标这一低级别的概念，它体现了各种类型的教育和不同教育阶段的价值。课程和教学目标是课程设计中包含的教育目标的次一级概念。在课程中，教育和课程的目标是人们努力实现的价值观之一。职业教育培养的目的是展示职业教育和培养的价值，为职业教育培养所要求的人才各方面的能力。

一件事物或事情对于人的意义和作用在哲学范畴的整合称为价值和意义。在任何情况下，都不应低估专业在课程设计的作用和重要性。

按照“现代课程理论之父”，美国著名课程专家泰勒的理论，课程开发模式包括四个部分，即目标设定、经验选择、组织经验和评估结果。课程的目的是为课程设计提供基本逻辑起点。从有用的角度来看，教学目标的价值和意义比一般而言要广泛得多。

按照国务院关于按照新经济范式的要求加快发展现代职业教育的决定，教育部按照新经济范式的要求，颁布了《教育部关于深化职业教育教学改革全面提高人才培养质量的若干意见》。结合国家职业技能发展的主要现实，按照国家服务战略，本着改革的精神，发展技术技能人才新型培养模式，对制度、培养方式和学习管理进行了重大改革，重视职业教育的教育体系、教育模式以及管理层面的方式改革。

职业培养计划的目标基于其主要要素和特点。其中最重要的一点是主要要素。制订教育计划，必须坚持按照学生本身的特点、想要让学生达成的目标以及学生自身的需求进行。参与教育计划的基础知识也可以基于职业教育的基础知识。技术教育是一种以就业为导向的教育，旨在培养直接专注于工作或管理的高素质专业人员。这与通识教育人才培养目的的缺少导向和模糊性有很大不同。职业和技术教育是一种侧重应用式的教育，为学生提供未来职业所需的知识、技能和经验，并要求他们对学到的技能学以致用，促进生活与技能学习工作的全面融合。制定职业教育的目标必须坚持实事求是的原则，根据具体情况，课程目标应以应用为导向，紧密结合基于心理认知规律和技能学习方式并符合工作流程逻辑的典型专业活动，以促进该课程向更加实用和专业的方向发展。职业教育是根据企业的需要而创造的，企业的需要是不断变化的。例如，高新技术的发展，生产结构的适应，职位的设置和专业的变化。在我国职业技术教育发展的新时期，服务社会、服务市场的职业技术教育的理念、策略和方法发生了重大变化。随着国际国内社会经济发展的变化，中国社会逐渐出现了一种新的现象，这就需要更多的专业社会工作和就业者以及职业教育来提高学生的整体素质和功能。这就要求职业教育与培训及时适应这种变化和这些需求。在调整职业教育课程中，一个重要的内容是不断分析与社会教育有关的具体职业职责，确定具体的工作任务和具体的资格要求，并进行能力分析。在调整课程时，在制订以有利于学生专业成长和能力发展的原则为基础的核心课程和专业训练计划时，必须考虑到与特定职位和相关专业资格有关的不同要求。职业学校要以社会的需求技能培训为基础，不断探索与职业技能课程建设相关的社会发展领域，密切参与机构办学目标，走访社区，开办学校，听取已经完成学业的学生的相关工作经验反馈。学生在其专业学习期间，根据收到的信息，专业工作的主要内容、能力要求和当前问题，需要对发展的各个方面进行分类和分析。对不同专业层次的学生进行多层次的批判性分析，并以此作为确定课程目标的依据。建立职业课程体系，实现职业培训目标，确保我国职业教育在培养和塑造社会优秀的职业技能人才方面发挥作用。

职业技术教育的实践性也是突出的特色。技术教育与专注于传授知识的普通教育不同，是一种旨在有效地为学生执行任务的职业技术教育。在职业教育中，比起“知道”更重视学生“学会”，将学会的知识应用在实践之中的重要性不言而喻。

一个合乎逻辑的方法是确定课程目标和需要遵循的合理原则和方法，目前在确定课程的目标方面存在一些问题。第一，现有的课程目标是正规的，但是往往是用普遍存在的口号来制定的，这些口号既不是也没有做好认真执行的准备，只是满足了指导和监督教学规范的要求。第二，没有坚持实事求是的原则，教学目标缺乏认真的思考，没有配合实际活动。第三，盲目武断地肯定教学目标，目标是没有什么科学依据和理性逻辑。为了避免出现上述课标错误，必须找到正确的方法。这种做法并非理论上的修改或纠正，而必须从能力、知识、思维、技能等必要的能力结构中衍生出来。

二、职业教育计划目标内容

职业教育课程体系主要包括职业教育理念、课程目标、课程设置、教学标准、课程设计、课程结构、课程内容、实施方案、课程评价与更新等。现代职业教育培养计划的目标应该是培养职业学院或目标专业未来工作所规定的专业能力和技能。工作所需的基本专业技能和资格由培训课程体系确定。

职业培养逐渐消除传统的分学科模式进行教学的约束，回归本质。职业教育涉及高技术人才的培养，因此职业教育与企业需求之间的联系已成为学生培养计划的基础。职业教育中的竞争可以起到连接作用：一方面，引起竞争的方法来源于企业的实际工作，需要特殊技能；另一方面，学生培养计划可以将项目的内容整合到日常学习过程中，从而在学校和企业之间建立真正的联系。

职业教育正逐步从传统的教育领域中的教育模式转向现代化的职业教育新

模式，更加关注学生的专业技能、就业能力和创业发展。对于职业教育，国家的目标应该是通过组织技能竞赛来提高教学质量。能力竞争是检验职业教育管理质量的一种手段，是加强高校在该领域研究与示范的重要途径。人才培养模式是专业建设、课程开发、教材建设与设计、师资队伍设计与建设、日常教学课程的综合体。职业技能竞赛是构建人才培养模式的重要环节，它要求职业技能与人才培养模式相结合。

职业教育学生的一个特点是不喜欢传统的学习模式，但善于实际操作，实践能力强。一方面，如果继续采用传统课程的教学模式，无疑会放大这些学生的缺点。另一方面，专业竞争提升了教师的专业素质和教学方法，随着项目的完成，学生的表现欲逐渐培养学生的自信心。因此，专业比赛激发了学生的学习兴趣，培养了他们的团队合作意识。专业技能竞赛的要素将在学科分类后纳入课程标准。应改变原有的职业技术人才管理方式，形成“教学与竞争相结合”的做法。同时，以理论课和课堂教学为基础的培养模式应该被技能教育和实践所取代。

每门专业课程都反映了技能竞赛各自的技能要求，同时允许更多的师生参与竞赛项目，创造“人人参与”的局面，将竞赛从传统的少数师生参与转变为全体师生参与。

凭借专业技能的竞争、先进的物流理论和一体化的行业实践，为“职业教育、校企合作”的人才培养模式提供了平台。同时，可以结合专业结构和课程结构，建设校内外实训基地，建设师资队伍，对人才培养项目起到推动作用。

教师和学生应充分利用这一平台，积极参与技能竞赛，推进人才培养计划，提高教师的专业素质，提高学生的学习兴趣，实现双赢。

职业学校应以教育目标为出发点，制订教学计划，优化课程结构，整合课程体系，打造合适的职业培训信息平台。第一个平台是文学和艺术、数学和科学论坛，包括英语课程。这不仅可以扩展学生的知识面，还可以提升学生的综合能力。这也为学生未来的工作奠定了坚实的基础。第二个平台是专业基础知识平台。在这个平台，学生可以提高自己的专业知识，提高自己的科学思维能力。第三个平台是相关的通信信息平台。在此信息平台上要注意专业学习课程与广博知识的内在联系。第四个平台是专业知识的理论应用平台。这个知识平台对于培养学生应用理论知识和发展专业技能的能力至关重要。在创建课程计划时，我们需要遵循课程之间的内部联系，创建具有这种联系的四个主要课程平台。同时，应开设选修课程、社会实践和毕业教育课程。

职业教育之中，需要重点培养职业教育学生热爱工作、精益求精的精神。“工匠精神”是职业教育的精神。发展职业教育，必须以党的领导为核心，坚持以人的美德为重点，以“工匠精神”为重点进行复合教育。要做到这一点，就要引入“优秀工作”的概念，培养综合专业技能，并在教学实践的各个阶段引入“工匠精神”，对职业教育的发展和个人的成长都很重要。特别是在职业教育的教学过程中，强调了“工匠精神”的作用，对学生产生的影响将集中在详细的专业课程学习过程以及学习过程的各个方面。帮助学生了解如何在被正式聘用之前成为最初的“工匠精神”传承和践行者。以岗位需求转变为背景，在人才培养目标上体现新思路。此外，结合人工智能，基于大数据支持的机器学习等方法受到高度重视，建立了专业人才评价体系。通过深化职业技能鉴定，激发制度创新，在社会上创造劳动光荣感，营造优良素质氛围，提高合格专业人才的社会地位，加快形成具有良好职业素质的职业干部队伍。

根据新的人才培养目标，不难看出现有教师、职业教育的教育内容和教学模式可能无法适应高技能复合型智能人才的培养，对教师自身和教学方法产生冲击和挑战。如果此时的教学人员和教学方法不能随着时间的推移而更新和修改，它可能无法培养企业和社会真正需要的人才。因此，迫切需要通过校企合作，积极推进产教融合，加快构建现代职业教育体系。一是根据区域经济发展的需要，开发建设“校管政商”人才发展平台，整合优质教育和产业资源，创建以核心专业为主导的专业群体，注重培养学生的灵活技能。二是要有效提高职业教育的适应性，要及时调整专业结构，加强与人工智能等新兴产业相适应的专业布局，实现专业结构的动态优化，提高由符合产业发展需要的合格人才组成的适用性和组合性。此外，不可忽视的是培养合格专业教师的重要性：通过选拔和聘用一批具有理论和实践技能的“双师型”教师，掌握智能教学技术，总结现代学徒制和新公司学徒制的经验，不断培养学生适应地域不断变化和科技快速发展的全球化能力。

职业教育的目的主要是培养一些具有初级、中级和高级专业技能的职业人才，以适应社会的需求。中等职业教育体系通过初等技术教育培养合格的专业人才，高等院校培养具有中高级技术水平的合格专业人才，从而形成一个合理的社会专业干部等级体系。根据社会分工，不同的职业也由初级、中级和高级职位组成。因此，职业教育必须以相关年级的专业标准为基础，使职业学校的学生能够通过学习和实际工作，以及简单地适应或研究学习，直接解决与专业相关的问题。如果职业教育不同专业（学科）的课程与就业要求的相应专业社会标准不同，不仅会导致宝贵教育资源的流失，还会导致社会资源的失衡。一方面是由于社会各阶层专业人才的短缺，另一方面是由于职业院校毕业生的短缺和社会各阶层专业人才的短缺。因此，课程设置是以特定岗位的要求为基础的，这是由职业教育的目标和特点所决定的。

职业教育一般看来，分为中等职业教育和高等职业教育。

中等职业教育的发展自 21 世纪初期以来，就受到党和政府的高度重视。《关于全面推进素质教育、深化中等职业教育教学改革的意见》指出，中等职业教育要全面贯彻党的教育方针，转变教育思想，树立以全面素质为基础、以能力为本位的新观念，培养与社会主义现代化建设要求相适应，德智体美等全面发展，具有综合职业能力，在生产、服务、技术和管理第一线工作的高素质劳动者和中初级专门人才。《中等职业教育改革创新行动计划（2010—2012 年）》强调，要加快培养数以亿计的具有良好职业道德、必要文化知识、熟练职业技能等综合职业能力的高素质劳动者和技能型人才，为我国社会主义现代化建设提供更大的智力支持、技能支撑和人才支撑。

中等职业教育具有一定的特殊性。中等职业教育类似于高中的教育，中等职业教育是在学生接受了初中教育之后进行的，学生的年龄一般集中于未成年。在文化课方面，中等职业教育的难度近似但略低于普通高中教育，主要开设的科目是语文、数学、英语、德育、体育等课程。中等职业教育的文化课要求是达到或接近高中的水平。

中等职业教育实质上是一种普及性的教育。中等职业教育以培养一般一线劳动者和具有初步技术的技术人才为目的，需要培养的人才数量更多，应当侧重于人才培养的广度，以培养大量的有用人才。

高等职业教育应当为“人才强国”的战略服务，重点要放在提升劳动者的素质上，以培养掌握更多技能的人才为主要目的，充分考虑高等职业教育人才培养的体制机制创新。

高等职业教育是现代教育体系中的重要组成部分，高等职业教育的实质是高等教育，与一般的大学一样，都隶属于高等教育体系。高等职业教育的教育目标居于职业本科教育和中等职业教育的教育目标中间，不仅要满足社会对高水平专业人才的需求，而且要在全国教育体系的整体中发挥作用，是关联中等职业教育和本科及以上职业教育的桥梁。它在中等职业教育体系中起主导和示范作用，为优秀的中等职业教育毕业生提供直接的继续教育机会。同时，对于更高层次的与职业教育相关的教育，高等职业教育发挥着根本性的作用，提供了直接发展经验。做好高等职业教育的工作，分析和理解以及正确理解和达到高等职业教育的目标，将对整个国家的教育体系和人才培养体系产生重要影响。在文化课方面，高等职业教育的难度低于一般的大学，包括计算机课程、思想政治教育课程、大学语文、公共英语，部分专业还有数学。

第二节　以现代学徒制为范式的职业教育人才培养模式改革

现代学徒制是中华人民共和国教育部于2014年提出的一项旨在深化产教融合，进一步完善校企合作育人机制，创新技术技能人才培养的模式。基于学校和企业的深度合作，本课程模式由教师和企业教师授课，以学生的技能发展为中心，形成了现代人才培训模式。与普通班和订单式教学班以及其他常见的培训模式不同，现代学徒制度更注重技能培养和知识代代相传。这种模式反映了职业教育学校与企业合作的深度融合。

现代学徒制度促进了专业教师和企业参与专业培训过程，确保课程符合专业要求，课程内容符合专业标准，将培训过程与生产过程相结合，使学生所取得的学校毕业证书与专业资格相适应，将职业教育与终身学习联系起来，提高人才培养的质量和针对性。

现代学徒制是一种新型的人才培训模式。这种模式由企业和学校共同发起，录取的学生需要与校企合作的企业签订劳动合同，只有签订劳动合同的学生才能被录取。学校和企业共同参与整个过程的人才培养，培训学徒制的传统方法和现代职业培训学校共同利用在现代学徒制上，深化学校与企业之间的合作，培养企业所需的高质量、高技能和面向应用的人才。

现代学徒制在第三方评价认证机构的帮助下，通过学校与企业、双标准、双教师制度的深度整合，对各级制度进行评价，确保人才培训质量，有效完善双教师制度。同时，体系化和制度化的保障有利于人才培训的可持续发展。

现代学徒制具有体系化的特点。现代学徒制作为一种规范的职业培训方式，需要多方参与，参与的主体一般包括作为总体管理者的教育主管部门，作为人才培训和人才质量评估主体的学校，作为合作者的企业，作为审查者的相关机构以及制定整体标准的行业整体。

教育主管部门在现代学徒制的建设中，扮演着制定标准者的角色。教育主管部门是政府部门的重要组成部分，承担着制定现代学徒制管理办法、制定现代学徒制下学生的学习框架、审核现代学徒制整体的体系、为现代学徒制提供充足的经费保障等各个方面的行政性任务。教育主管部门是现代学徒制建设的最高指导者，其制定的现代学徒制学生学习质量监管体系为学徒的学习质量把控提供了科学合理的标准，有利于学徒更好地掌握职业技能，促进其职业素养的不断提升。

学校和企业是校企合作模式下现代学徒制的两个重要参与主体，具有同等重要的地位。学校是招收现代学徒制学生的机构，为现代学徒制校企合作提供受教育者，即学徒以及扮演评估者角色的教师。

评估者教师在帮助学徒学习和掌握更多的技术中的作用不可或缺。

第一，现代学徒制要求理论与实践紧密结合。评估者教师作为学校教师，从学校本位的角度出发，帮助学徒制订学习理论知识的计划，向学徒讲授国家职业标准，通过定期去企业走访的方式，将课堂带进企业，为学徒学习理论知识提供便利。在现代学徒评估过程中，评估者教师在完成每次评估之前与学徒协商，确定下一个评估单元的标准和参加考试的程序。一旦确定了以上评估标准，评估者教师可以利用一定的支持性证据和考核，在评估日期的同一天对学徒的学习成果进行检查和评估。整个过程不同于传统的课堂教学方式，可提高学徒获得知识的效率，以保障学徒的学习与国家职业标准相适应。

第二，现代学徒制采用的评估方式具有鲜明的过程性特征。现代学徒制采用过程考核方法。学徒在接受现代学徒制教育时，通过学习过程，对相关知识和技能进行考核，评估者教师根据各自的学徒制过程，对学制的学习效果进行定期考核，并与之分享每个步骤的评估结果，这样学徒就能得到反馈和适当的评估。过程性的评估制度是根据评估者教师在评估阶段或评估过程中学徒的表现进行的，根据评估的结果，评估者教师会提供适当的评估建议。

企业在校企合作模式下在现代学徒制中与学校的地位同等重要，主要表现在以下几个方面。

第一，现代学徒制的教学地点是企业。通过实施现代学徒制职业培训，学生学习企业的工作制度和流程，通过参加企业的工作制度和流程有关的活动，学习国家职业标准要求以及企业的工作制度和流程运作的专业标准和流程知识。企业指导教师通过与工作相关的活动，向现代学徒制学徒传授标准操作程序，进行指导。接受来自企业指导教师的培训，学徒学习到了企业的工作制度和流程，利用留痕的学徒学习管理证据以确保所学内容符合国家专业标准，也符合企业的工作制度和流程标准。现代学徒制以企业教学为主，通过与实践相结合的教学方法，全方位培养学徒的专业技能和职业技能。现代学徒制通过校企合作，根据企业的工作制度和流程运作，在企业指导教师的帮助和指导下，培养培训技能。通过真正的工作和管理全过程，学徒在专注于项目技能培训的同时，适应工作环境，学习与人互动，培养处理工作场所突发事件的能力，建立职业精神。

第二，在现代学徒制中，学徒制一般按照国家职业标准和企业的工作制度和流程进行。其中，企业在制定国家职业标准方面发挥着重要作用。现代学徒制重视促进学徒职业技能的发展，职业技能标准根据企业的工作制度和流程制定。因为在职业培训中培养人才的最终的目的是满足企业的用人需求，所以他们的培训细节必须反映企业的需求。

企业是现代职业培训的主要领域，学徒通过这种培训体系，明确在公司需要做什么工作，而人才培训的具体细节充分反映了公司的需要。公司进行现场调研，收集并组织相关信息，公司根据实际业务需求和学徒实际情况，根据人才培训学校的目标，建立和建模了学徒培训框架，符合实际企业的工作制度和流程。这种科学合理的现代学徒制课程与学徒需要掌握的技能有着密不可分的关系，是为企业量身定制的人才，具有更强的适应性和针对性。

第三，现代学徒制的培养模式体现了在工作中学习的重要性。在实施现代学徒制的过程中，学徒在公司工作，根据企业的工作制度和流程，在企业指导教师的帮助和指导下，通过学习工作需要的技能，达到阶段和目标要求，在工作之中，不断提升和完善自身的职业能力和水平，使职业技能进一步精确化，优化自身的学习。

其他相关机构扮演的角色是审查和考核，并为审查和考核合格的学徒颁发证书。学徒通过现代学徒制的学习，对于国家职业标准和企业的工作制度和流程有明确的认识，善于利用相关知识，并且能够按照这些标准规范自己的工作。学徒通过评估者教师、企业指导教师以及其他相关第三方机构的考核评估之后，他们将获得相关行业的就业资格证书，并实现毕业证书和职业资格证书的“N＋1”证书获取模式。

二、现代学徒制具有鲜明的特色

现代学徒制是“双师型”职业教育建设的重要表现形式之一。在现代学徒制评估体系中，学校提供作为评估者教师的教师，而评估者教师的主要责任是教授和评估学徒。评估者教师根据国家就业标准评估和审查学徒的学习情况，并补充学徒制过程，以确保学徒学习的质量。这需要教师对相关的国家职业标准有深刻的理解，并对知识和技能的相关领域有深刻的理解，这一理解是评估者教师以正确和有效的方式执行评估任务的前提和基础。与此同时，教师可以有效地利用教师的实际技能，以评估者教师的标准要求自己，不断增强自身的实践能力，是建设“双师型”职业教育不可或缺的步骤。

在实施现代学徒制期间，教师担任评估员，每周与合作企业会面以评估学徒，通过评估者教师、合作企业和学徒的交流很好地融合在一起，了解公司的运营流程，了解学徒的技能点，对于企业所需的人才有更深入的理解。评估者教师了解公司对于员工的需求，一方面可以确保对学徒正确进行考核和评估；另一方面加强实践技能，从而保证制订教学计划和实操教学的阶段更加符合实际。根据公司的实际操作，学生以更符合公司实际需求的方式进行培养，是对于现代学徒制的更深入理解和更进一步的优化。

现代学徒制与“双师型”职业教育建设具有密切的关系。学徒的学习过程中，同时有两位教师指导。一位是来自学校的评估者教师，作为理论和标准的教授者，评估者教师承担了促进学徒理论知识和综合能力发展的任务，提升学徒的职业发展潜力，为学徒在企业的长期稳定发展奠定了坚实的基础。另一位是来自企业的企业指导教师，作为学徒在企业学习企业的工作制度和流程以及作为企业员工需要的技能的传授者，企业指导教师以企业的工作制度和流程为标准，对学徒的实践工作进行有效的指导，促进学徒对于企业的工作制度和流程理解不断深化，为学徒技能的学习提供帮助和指导，不仅有利于学徒尽快参与工作，为企业创造更多的利润，也有利于学徒的技能得到不断的完善和打磨，是学徒长期稳定在企业工作的重要前提和坚实的实践基础。

现代学徒制为企业个性化培养人才产生了相当程度的积极影响。学徒在现代学徒制中，不仅学习具有广泛指导意义的国家职业标准，更是学习具有特殊性和针对性的企业的工作制度和流程，并且重视实践，学徒适应本企业的工作。完成现代学徒制学业的学生中，优秀的可以直接进入企业作为员工。企业培训周期短，培训质量明显提高，为创造企业效益缩短了时间，提升了效率。企业管理者积极寻求学校合作，指导学徒培养，为企业储备必要的人才。

现代学徒制是一种创新型的职业教育新模式。与原有的顶岗实习和拜师学艺制度相比，具有无可辩驳的优势。

一方面，在传统的顶岗实习模式中，学徒以企业的工作制度和流程为指导，参与企业的生产，学习质量的审查和控制人员是且只是企业指导教师及其领导。根据该模型，学徒只学到了岗位所需的技能，缺乏综合素质和与工作相关的理论知识学习和培训。另一方面，企业指导教师及其领导对学徒的实习进行评估，缺少既定的标准，其中的主观性影响较大，不利于建立长期稳定的学徒实习考核标准，对于提升学徒学习质量，促进学徒的长期发展没有积极影响。

拜师学艺制度有着源远流长的历史，是我国长期以来一直采用的职业教育学习制度。这种模式以传统宗法制下的家庭伦理为依托，具有尊师重道，“一日为师，终身为父”等特征。这种模式有一定的好处，是我国一些非物质文化遗产得以保存的有效途径。拜师学艺制也被称为“学徒制”，是一种在实际劳动中转移技能的方式，通常是通过语言和行动来教授的，是一种内部技能培训形式。学徒制作为一种技能培训形式，在手工艺、工作技能和传统艺术的传承中发挥着重要作用。从教学过程的微观层面来看，教学系统在消除继承能力和维持某种秩序过程中的不确定性方面发挥着重要作用。这种模式具有显而易见的问题。拜师学艺制的课程讲授是低效的，对于学徒长期发展没有好处。教师一般不会向学徒传授自己的绝活，容易造成知识的断代，不利于长期传承。

现代学徒制是有效解决传统职业教育培训模式问题的途径。现代学徒制引进“两标”教学，学徒既要学习国家专业标准，又要学习企业的工作制度和流程，不仅培养了学徒作为企业员工需要的工作技能，更是对学徒综合素质和劳动学习能力的提升，为学徒长期发展奠定良好的基础。现代学徒制引入“双导师”制度，对企业指导教师以及评估者教师进行考核，同时对学徒进行培训，有效的学习更有保障。引入的第三方机构对学习质量进行评估、认证、监测，更加公平，是学徒学习质量不断提升的重要监管者。

现代学徒制对于职业学校学生的就业产生积极影响。现代学徒制的主要参与者包括企业和职业学校，重视这二者的共同作用，实现招生与招工相统一、上学与进入企业相一致，毕业生与企业员工有效转化的校企联合培养新模式。这种模式提高了人才培训的质量和相关性，提高了学徒工作的质量。

三、以现代学徒制为范式的职业教育人才培养模式改革方式

现代学徒制是一个长期的过程，需要不同的区域以自身的经济水平和各方面水平为依据，按照自身的发展状况，坚持实事求是的原则，建立符合自身发

展情况与职业教育政策的有利的现代学徒制发展方式。

第一，建立适应我国发展的现代学徒制模式，离不开借鉴国外的先进经验。现代学徒制为不断发展的各国经济体培育了高水平的人才，并在许多国家创造了充满活力的职业教育模式。现代学徒制是国际职业教育领域的热点。这种模式将学院和大学已经提供的职业培训扩展到企业和职业机构，涵盖一系列规范化的法律法规。将真实的在企业中的实践与学校学习有效结合，培养符合现代产业需求的优质行业技能。

它山之石，可以攻玉。由于外国职业教育相对先进，从战略上讲，现代学徒制的推行有助于促进我国职业教育的可持续发展，其形式处于不断的更新之中，并且其内涵的广度和深度不断增加。

德国的现代学徒制是德国教育“二元制”的重要组成部分之一。双元制是学校教育与职业培训紧密结合的新型学徒制，为国家技术创新和产业发展提供了重要保障。双元制强调精准的制作工艺和一丝不苟的工匠精神，这种学徒制度对德国的经济发展起到了不可替代的作用，也保证了德国工人的高质量劳动，产品的高质量和高性能，促进了德国经济的可持续发展，增强了国际竞争力。

德国的学徒制具有较长的历史。目前日益增长的现代经济结构创造了劳动力市场上对熟练工人的强劲需求。同时，德国中小企业具有强有力的组织形式，商会、工会的势力强大，有利于职业培训的进行。此外，职业培训标准的定义有德国社会所有利益相关者的广泛参与，最大限度地反映了各方的共同利益诉求。

现代学徒制对国家、企业和学徒都有好处。特别是对于政府来说，由于现代学徒制对社会和经济的积极影响，受益于良好的政治结果，并通过企业培训加强社会经济的常规。企业接收高技能工人，教育机构现代化，以适应技术变革，确保有效的指导方针和培训质量。受过良好教育的年轻人的集中带来了社会稳定和持续进步。随着企业和专业机构根据劳动力市场的需求制定新的教育标准，学徒需要参加最终学徒培训。德国的现代学徒制毕业后，学徒有很多机会直接进入公司工作或进入更高的大学。

除了职场知识、专业技能和效率之外，英国的职业教育还特别关注健康的团队成员在工作过程之中的安全性和有效性。英国的现代学徒制学生可以在学业结束之后取得相应的专业资格证书。这些专业资格证书对于培养工匠精神是必要的。英国是第一个引进学徒制的国家，这在历史上是使之受益的。现代学徒制是国家职能战略性转换的重要手段。英国的现代学徒制度可以有效地提高学徒的技能和工作质量，培养出受社会和企业欢迎的人才。

新西兰的现代学徒制课程由大学教授和经验丰富的职工讲授。这两种学习环境的结合可以教给学生必要的专业知识和技术。学徒的学习从观察开始，通过模仿和练习，独立自信地完成工作。现代学徒制的培训对于培养技术方面的人才有重要的意义，职业教育的投入产出比较高。

新西兰公立高等职业培训主要培养社会所需的应用型人才，每年占到注册高等教育的一半。许多职业培训学校都有自己的特点和诀窍，他们有效地支持了各行业高质量人才的培训和转移，促进了新西兰工业发展，为新西兰经济可持续发展提供了坚实的人才支持。通过共同努力，真正的现代学徒制已经达到了政府的水平。

新西兰政府通过技术学院资助学生教育，新西兰学术评价委员会制定和采用了职业学校的业绩指标，行业制定的标准通过认证审核，对学员进行培训，为培训提供财务支持，并确定专业资格的内容以及相应的考核标准。职业培训机构要对共同发展素质负责，它与各个行业的公司共同制定标准，定义和监督标准的实施，并咨询相关政府机构。职业培训机构还负责提供外部技能培训和基本的入门培训方案。这种分工明确的培训体系对于现代学徒制的不断进步有积极的意义，对于学徒实际操作能力的提升有积极影响，并且重视培养学徒的工作价值观，建立良好的工作态度。

第一，中国需要了解国外职业教育的发展现状，分析现代学徒制在国外教育中的应用，挖掘教育的内涵和现代学徒制的内涵，积极借鉴先进的发展经验，融合现实于其中。从国内外发展的角度来看，现代学徒制已成为国家人力资源开发和经济发展的重要战略，开辟了多元化的教育模式。在培养现代学徒制人才的过程中，国外发达国家在官方教育体系中融入了现代学徒制。同时，职业培训证书也可以得到国家的认可，并有具体的法律保障。在政府的关注和积极学习中外先进发展经验的前提下，中国需要结合现状，进一步审视现代学徒制的各项发展路径。

第二，现代学徒制的发展离不开法律的保障，需要建立健全相关的法律法规体系。企业、职业学校以及学生这三方主体要通过法律契约明确各自的责任，以保证各项权利的有效运用，为培养现代学徒人才提供了可靠的基础。需要加强对于法律责任的明确和界定，认识到现代实习体系是由政府领导的，明确企业的任务和原则得到了有效的实施。要确保职业学校的财政资源和运营成本来源，明确不同的学习和就业要求。

第三，现代学徒制需要达成可持续发展的目标。现代学徒制的一个重要特征是将职业培训与未来必要的产业有效结合。为了促进学生就业，许多国家都采取了现场教育和学校教育相结合的方法。这种培养替代型工程人才的方式已成为现代学徒制发展的重要途径。一方面要寻求职业学校和企业的合作，另一方面要逐步推动现代学徒制的应用。要求密切联系法律和相关政策，以阐明现代学徒教育体系的重要状态和动态转型，确保职业学校、企业和许多国家之间的政策责任。

与此同时，政府加强了各项措施。通过资金支持和优惠政策，企业可以积极参与职业培训，制订科学综合的人才培养方案。职业学校与企业将搭建符合教育条件和规划的人才培养平台，并将进一步坚持规划，促进现代学生的发展。目前，中国现代学徒制在培养方法上存在着热情不高、对培养方法满意度不高等问题。要有效利用行业协会、地方政府、科研机构和社会力量等资源。加强与更多的人联系，促进社会支持。应该积极参与企业，落实行业协会的标准和监督机制，进一步实现现代学徒制的可持续发展。

第四，现代学徒制必须重视培养学生的工匠精神。职业教育和普通教育的主要区别是职业教育的目的是提高学生的专业素质，突出和提高技术知识，包括专业知识和实际工作技能。通过课程的形式向学徒传授企业文化以及认真的工作态度，尽快培养学生的职业理想意识。企业需要一支优秀的专业人才队伍，建立工匠精神与职业教育相结合的队伍，让学生更好地了解教学的学习质量和效果，是促进学生认真工作的有效方式。在组织实习和培训学生的过程中，职业学校建立了以企业的工作制度和流程标准为基础的规章制度，同时学校和企业共同建立了行为评估、奖惩方法，使学生能够对行业、创新意识和专业技能进行认知，将学校教育与企业生产相结合。

根据现代学徒制的教学特点，学校和企业可以共同建立和实施培训师和质量综合考核，建立一种机制来评估企业培训学徒的专业技能。在评价学生时，鼓励学徒以注重细节的方式操作设备，严格按照标准执行程序，认真对待工作，不断培养高质量生产的意识。

第五，现代学徒制必须重视建立健全职业资格证书制度与就业准入制度。

提高中国现代学徒培训质量，建立全国统一的职业资格认证体系，有效保障现代学徒制高质量发展。现代学徒制需要与我国当前的发展相接轨，才能与全球职业教育的发展趋势相匹配。应提供针对性培训，发展科学完善的教育体系，选择适宜的指导方针，进一步加强专业教学标准与专业标准的有效结合，推进教育认证和专业认证，有助于提高学生的学习水平，提高学生的专业竞争力。保持职业认证、学徒职业证书认证与评价的一致性和完整性，提高学徒职业技能、专业知识和技能水平。职业证书可以由多个模块组成，职业学校也可以创建与职业证书相匹配的课程。企业还可以追求高级系统学徒制，重点是培训相关学徒并重视学生的职业资格获取，制定一定的职业路径，让具有专业资格的学生在相关领域找到工作。

第三节　职业教育人才培养模式的支撑平台和多主体治理机制

一、职业教育人才培养模式的支持平台

职业教育人才培养模式的支持平台数量多样、类型丰富，涵盖了在线个人提升职业教育、终身职业教育以及学校层面的职业教育。

近年来，在线个人提升职业教育成为互联网行业的热点。在线个人提升职业教育的形式多样，但是其本质是职业教育，职业教育的内容是进步的重要因素。在线教育与互联网技术的进步密不可分，这种模式一直以来是很成功的，网络职业教育是一个较大的覆盖面，包括计算机技术、经济、会计、语言和综合素质提升等技能教育。因此，一个好的综合性专业培训平台不仅要提供最优质的学习材料，还要兼顾内容的广度和深度。在线个人提升职业教育课程在广泛的相关课程和实践工作中培养特定技能，使学生能够执行特定任务，与理论学习联系起来。

在线个人提升职业教育侧重于在实际工作中的技能培训。这种培训方法强调掌握一定专业或适用于某一岗位的基本技能，具有极强的专业性，是对于某一专业的专业知识的浓缩和概括学习，这对职业资格的发展很有帮助。课程结束后，许多专业人士提供的实习和工作机会为专业培训开辟了新的机会。有了通用的核心工作课程以及在其基础上一个小专业的深入学习，满足了大部分人

的专业培训需求，用户数量和品牌的名声自然会增加。

在线个人提升职业教育的弱点之一是缺乏综合课程和交流形式。在线个人提升职业教育绝大多数是对于线下职业教育的照搬照抄，只是在形式上由线下教育转变为线上教育，没有更大的创新，这也是产品没有受到广泛欢迎的主要因素。教育形式与学生学习的目标和成果有关。如果在线个人提升职业教育能从用户的角度来组织课程，学习效果会更好。除了通常的视频录制和流媒体资源，还有直播课程、图文课程等多样的形式，可以根据用户的内容和需求量身定制。

部分在线个人提升职业教育课程由于难度较大和学费越来越高，在正式开始课程讲授之前，会开设类似于预科班的课程，是授课教师对于课程的基本展望和概括，与一般的课程中的课程导论有相似之处，不仅介绍课程的主要内容，也可以回答感兴趣的用户提出的问题。

在线个人提升职业教育的课程期间，教师将继续在注册学生中进行其他课程，例如使用新的适当和合格的方法开展活动以及发展教育形式。根据用户需求设计和细化课程形式，不断开辟多种沟通交流渠道，对学生进行技能概念教育，帮助用户轻松吸收新的知识和技能。

在线个人提升职业教育的平台还包括问答式学习平台。某品牌的职业问答平台与许多大学生和新入职的人合作，并通过讨论和帖子为青年人面对与职业相关的问题答疑解惑。随着该行业品牌持续地被广泛接受，传统的问答社区模式正在改变和发展，这一职业问答平台的生产率也在不断提高。这一职业问答平台为新员工提供技能培训，为有专业工作经验的员工创造职业发展和创新的新机会。该平台强调产品技术、课程模式、扩大受众、资源合作、数据使用、智能系统建设、技术支持、与外部平台的合作等等。问题解决是基于产品、技术和资源的组合，提供所有长期产品，符合智能职业课程系统和科学职业规划模型以及整个职业生涯的服务，继续推行新的职业训练模式。

职业教育质量的不断提升离不开岗位教育、课程、职业比赛和职业资格证书，其中在线网络课程是一个重要组成部分。据“终身职业教育培训资历平台”相关负责人介绍，该平台将发挥新华网和中华职教社的优势，为实现各职级、学位、群团社会组织、行业协会、专业技能学院有效整合后，学习成果可追溯、可查询、可转换且不可篡改，并与专业培训机构及各方面建立互认关系，包括职业教育、职业培训和职业能力考试与评估。为了向国家现代产业体系提供所需的大量合格人才，职业教育必须有明确的愿景，建立结构化的培训体系。职业教育是国民教育体系和人力资源开发的重要组成部分，在培养多元化人才、转移技术技能和发展企业家精神方面发挥着重要作用。在线职业教育平台为建立良好的终身职业培训体系做出贡献，对学习者的学习成果进行回顾性调查，自身也是一个与职业教育密切相关的一站式服务平台。

“国家职业教育智慧教育平台”也是职业教育的有力支持。该平台与目前职业教育的课程设置紧密结合，包括大量的教学资源，分级分类设置了精品课程和优秀学校的公开课，是在线职业教育的重要平台，有利于全面学习、全民学习、终身学习，是建设“人人皆学、处处能学、时时可学”的学习型社会的重要步骤。

有一些职业学校建立了自己专有的职业教育平台。校园文化体系内化为学校道德教育，建立了宣传礼仪教育的职业教育专用平台，每学期以一定的制度化开展文明教育礼仪活动，职业学校内部通过职业礼仪展示，开展职业礼仪竞赛，形成职业素养，创造专业精神。礼仪的主题教育活动覆盖所有学生，文明习俗的培养随着教育年限的增加而发展。专业课程旨在结合专业渗透人文素质教育的内容，深入挖掘各专业课程中的文化理念，在专业技能竞赛中展现专业素质。制定和总结执行课程中各学位的基本专业素质，系统提升学生的教育和培养学生的专业素质。在专业技能的学习中，培养专业素质，这比企业管理体系、流程操作更贴近专业环境。在专业技能学习中打造规范化、制度化的优质工匠。将就业指导纳入学科培训，定期举办就业指导讲座，每年为毕业生举行就业相关会议，指导学生培养适当的职业价值观和人才前景，自觉培养良好的职业道德，引导学生就业。进一步培养学生融入创新意识和能力，让学生有机会真正实现技能上的“完美”和“专业化”。学校和企业之间的深度合作使学生能够理解专业规则，并在实践培训中获得专业经验，同时获得专业知识使他们成为“伦理和技术的双重文化”的持有者，并具体化和实践化工匠精神。

校企合作是职业教育的重要模式，是良好职业教育的重要组成部分。然而，目前的情况是大学与行业的协同合作中，存在企业热情不高不愿意参与校企合作的问题，只是学校的“一厢情愿”。校企合作应联合政府、行业和企业。政府牵头出台在职业教育领域开展产学合作的政策、文件和制度。学术界与职业教育行业的合作显然由政府和行业主管部门主导。按照这种模式，建立政行校企协同育人平台，不断促进校企合作水平提高，不断促进产业与教学的发展融合。

互补优势，搭建服务平台。企业定期发布人力资源需求信息，通过联合搭建的网络在线教室，在全国范围内组织专题工作展览，向学校展示企业建设项目，为学生实习和就业提供服务。学校利用校内培训条件，为企业提供技术支持，共享资源，承担企业一定的生产任务，并根据实际情况组建研发团队，共同解决生产中的实际问题，真正实现学校与企业的通力合作，互利共赢。

建立可持续共生平台也是为职业教育提供支撑平台的有效方式。职业学校是培养复合型人才的主要场所。为了提高复合型人才培养的积极性和动力，职业学校需要充分了解企业发展计划。实时了解企业发展方向，坚持人才文化和业务需求，实现现代化发展并对于市场的情况加以明确。职业学校需要帮助建立行业和企业的规范和专业评价体系。开放的人才培训和复杂的技能培训可以实时满足行业和企业的需求。企业作为高职院校复合型人才培养的共同核心主体，应强化其核心作用。职业学校应该形成实时的职业培训计划，确保他们能够深度参与培养时代的专业人才，满足企业的需求。企业能够为职业学校提供教育和培训基地。加强在职实习质量管理，兼顾企业利益，维护学生权益。

可持续共生的基础是形成互动支持政府、高层机构、企业的有效共生平台。我国人才联合培养应加强政府、职业教育学校、企业之间的沟通机制，协商解决人才联合培养问题，共同制订完善人才联合培养的方案和步骤。通过构建新的交换平台，充分利用现有的共生平台。一是充分利用现有的多边合作组织，如校企商界领袖、相关政府领导和管理委员会相关专家，共同制定校企合作目标和计划，联合人力资源教育。二是充分发挥政府、职业学校、企业的独特作用，为创建三者共享的多形式共生平台资源和信息交流的协同平台创造更多途径。

二、职业教育人才培养模式

培养人才的方法是“培养什么样的人”和“如何培养所需要的人”的有机结合，具有较强的系统性特征。人才的培养方式是指被培养人员的知识类型、功能和知识结构以及如何应用这些知识结构。培养人才的途径是学校为学生建立的知识、功能和知识结构，以及应用这些组合的方式，包括教育目标、教学规律和具体的教学方法。职业教育人才培养模式是学生在一定的教师指导下，通过与职业教育学校系统的各种教育要素的互动来培养学生。职业教育人才培养是养育目标、养育规范、养育过程、养育方法的系统结合，在特定教育思想或意识形态的指导下增加环境条件。职业教育人才培养的方式是指整个教学过程，在稳定的教育理论和思想指导下，教学内容、学习体系、管理体系和评价方法。相对稳定的职业教育人才培养整体方式包括教学目标、教学体系、教学过程和教学评价。

职业教育人才培养方式决定了职业教育人才的基本特征。职业教育人才培养方式是指教育教学组织为实现人才发展目标而建立的相对稳定的运行模式的某种教育思想或理论。这种运作模式具有鲜明的可设计性、系统性和在现实生活中的可论证性，是连接教育理论与教育实践的桥梁。

人才培养模式具有鲜明的特征。正如钟秉林所说："人才培养模式是学校为学生构建的知识、能力和素质结构以及实现这种结构的方式，它从根本上规定了人才特征，并集中体现了教育思想观念。"因此，了解人才培养模式的特征是更好地利用人才培养模式的重中之重。

职业教育人才培养模式具有系统性和整体性。职业教育人才培养模式不是孤立的个体存在，而是一个由多个教育要素共同组成的有机教育整体，包括德育、理论知识、实践实操、职业道德观念教育、法制观念教育等各方面。各个要素之间具有紧密的联系，是相互影响的系统。把握人才培养模式的系统性，有利于进一步明确教育要素之间的关系，优化人才培养模式，提高人才培养的效率。

职业教育人才培养模式受到党和国家规定的教育方针指导，是明确的目的性产物。职业教育的目的是培养受教育者的职业知识和技能，并且培养其良好的职业道德观念。在整个社会层面，职业教育人才培养模式需要与社会对于职业技能人才的需求相适应，以党和国家的教育方针为根本性的指导，建立科学合理、对社会有用的职业教育人才培养模式。

职业教育人才培养模式的层次十分鲜明。一般情况下，将职业教育人才培养模式分为三个层次。第一个层次是职业教育人才培养的目标，即职业教育需要培养什么样的人才。第二个层次是职业教育人才培养的内容，即怎样培养职业人才，利用怎样的教学方式、教材等。第三个层次是职业教育人才培养还需要什么保障，包括软件和硬件，即职业教育需要的训练基地、教学管理方式、人才评价体系等各方面。

职业教育人才培养模式是一个稳定的体系。职业教育人才培养模式的稳定性在职业教育人才培养模式的形成以及应用之中具有不可替代的意义。职业教育人才培养模式由一般知识教育、职业能力培训以及职业发展长期素质三个模块组成，这种主体框架是长期不变的，在这一范围内以实际情况为根据进行调整和分析。职业教育人才培养模式形成了长效运行机制后，有利于长期稳定地培养职业人才，取得较高的社会效益，使职业教育的社会认可度提升。

在这个稳定的体系之中，分为不同特色的小类别。职业教育人才培养模式应当是一切从实际出发、实事求是的，应当根据自己学校和专业的不同，建立自身的特色，避免照搬照抄、千篇一律，需要侧重于满足社会不同的行业、地区、发展模式对于职业人才的需求。

职业教育人才培养模式需要坚持理论与实践相结合的原则，需要一切从实际出发。职业教育人才培养模式的建立需要职业学校与用人企业共同探讨，充分发挥职业学校的理论优势和用人企业的实操经验，形成具有实用价值的特色人才培养模式。

职业教育人才培养模式需要建立“自洁”系统。职业教育人才培养模式离不开不断地改进和完善，需要建立健全自我分析、自我改进的系统，以专业的教育目标指导形成一定的教育标准，按照科学合理的模式推行下去，在之后的实践之中，进一步验证这种人才培养模式的意义，不断改正，实现螺旋式的上升，不断创新，不断优化，达成良性循环的健康发展目标。

三、职业教育“双主体”模式

明确职业教育“双主体”模式，首先需要理清职业教育“双主体”模式的概念。随着高质量目标的发展，以职业学校为主体，人才培养体系建设、专业配置、人才供应商和行业需求的精准持续、动态匹配、适应性、优化职业教育架构促进教育一体化和规范化，创建大学间长期可持续教育合作共同体。深入构建产教融合发展模式，构建适应产业发展的生态教育链。以企业为主要手段，以经济增长和产业需求为导向，紧密结合产业链布局，充分发挥专业技能培训和人才培养的重要引领作用，构建适合教育和教育规则的产业生态链。作为专业的职业，建立行业具有代表性的产业集团、一流企业和具有优势的职业学校创造了巨大优势。产业生态教育的“革新、产学结合、双综合链的结合”特征是职业学校与企业教育之间的协同。

“双主体”模式定义了培养人才的目的，基于对人才需求的追求。学校和企业通常决定学生在知识、技能和质量领域的职业方向和培养模式。确定人才培养的目的是为更高层次的职业培训提供进一步的教育基础，这对满足企业的就业需求和促进学生的共同发展具有毋庸置疑的重要性。根据国家职业教育标准、行业标准和就业标准，学校和企业共同开发了以实现职业培训目标为根本目的学习体系。学习体系必须遵循职业教育的原则，培养学生的技术和专业技能，并且不伤害学生的身心健康，避免凌节而施。

“双主体”模式下的教学创新应从四个方面入手，以充分明确该模式的发展规律。在教学观念指导方面，整合教学理念，利用翻转课堂、混合教学、实践指导等新型教学方式，并将其他理念整合到教学中，相互协作，在指导概念方面扮演最重要的角色。信息技术方面，将信息技术与整体的课程不同阶段相结合，将传统教学与信息技术相结合，提升网络化模式下的特长。适当地使用虚拟、模拟和人工智能等信息技术来改变学生的传统实习模式，改善实际教学。在教学方面运用不同的教学方法，如启发式、研究、讨论、参与等，在学生的学习和新技能的培养中发挥全面的作用。在教师方面改善教师结构，通过在线或现场教学，实际技术人员将被纳入教学小组，以促进教学与实际企业职位之间的互动。

“双主体”模式下的教学离不开以人为本的精神。深化职业学校职业教育和培训发展，需要确定切实可行的发展目标。根据发展目标开发模块，开发模块教材，不断改革教学方法和评价机制。通过稳定的科学方法研究，动态的实践方法的反复、渐进地运用可以为学生将来如何走向社会、就业、创业打下坚实的思想基础。坚持以人为本，不断创新和改进教学方法，完善教学评价机制，提高学生职业道德，培养大批高素质人才，促进社会经济发展。

“双主体”模式下，以人为本的教学需要职业学校教师和企业指导教师共同进行。这两种教师都需要认识到学生是发展中的人，重视学生的道德修养培养，引导学生成为有道德的人，学习作为社会一分子的基本品德，并且重视培养他们的才能，达到人人成才。

职业学校教师在教育过程中，需要坚持职业教育的目的是促进人的发展这一认识基点，帮助学生理解并建立自立自强，融入社会的意识，避免传统认知中职业教育是“二等公民”的刻板偏见对学生的认识产生消极影响，重视学生的多样性，因材施教培养人才。企业指导教师作为与职业学校学生长期共处的“师父”角色扮演者，能够更加密切地与学生联系，需要坚持关爱学生，将职业教育也能获得良好发展的精神在实习过程中传达给学生，注重培养学生的工匠精神。

第六章

职业教育网络化治理下的教师评价体系

教师是人类灵魂的工程师。在职业学校开展教育教学工作的过程中，教师发挥着重要的作用，是促进网络化大背景之下教育教学工作不断创新改善的重中之重。网络化治理体系之下，教师的评价有着重要的意义，也需要更加科学合理的理论体系作为坚实的基础。本章首先明确了为什么需要在网络化治理背景下评价职业学校的教师，重点论述了区分性教师评价这一重要理论在网络化背景下与职业教育教师评价相结合的应用，并且倡导重构基于网络化实践的职业学校教师评价体系。

第一节　网络化治理下职校教师评价的目的和意义

教师评价体系有源远流长的历史，在不同的时代，在不同的文明主导下，教师评价也有一定的差异。农业文明之下的教师是知识和经验的先驱，是技能的熟练掌握者。教师的任务是为学徒提供指导和分析，培养具有一定专业知识的学员。农业文明的主要教学方式是记住已有的知识和经验，或模仿教师的技能和重复练习，以学习和实践固定的技能。在工业时代，教师是"技术员"。教师依靠统一的教学方案和材料、专业知识和技术技能，他们关注教材、课堂，确保教学质量和制定标准能够有效地应用于实践。信息时代教育的目的是帮助学生获得更大程度的进步，要成为"反思型专业人士"，教师必须通过实践研究，包括干预研究和个性研究在内的研究方式，不断回顾最初的目标和方法，适应不断变化的环境并解决具体问题，并充分结合知识和经验。这种在教学过程中的思考能力是教师能否应对新时代下新挑战的重要标准。

教师素质的基本理论包括学科知识：一般教学知识、课程知识和学科教学知识。它们构成了日常教师培训计划和实践反思以及教师教学方法评估的基础。教学是一项非常复杂的工作。教师教学质量的评价应该是详细、透彻、系统分析的课题。

在教师评价体系的背景下，评价教学质量的主要方面是教学目标的定义、教材的设计和教学原则的应用、方法的选择、教学理论知识、教学实践、教学和学生学习。教材和音像资料的质量是客观评价教学质量的一个参考因素，包括学生的初始基础、教材和学校的教学条件。教师的指导作用是在作为学习主体的学生中发挥作用。同时，它还受到各种外部因素的影响。教与学之间没有绝对的相关性，因此不应该作为评估教师教学质量的模型。教师的教学质量主要是根据教师的教学过程、教师和学生的状态以及学生在特定客观条件下的进步来评价的。

教学水平标准的评价是对职业教育质量细节划分的评价。对传统教学的评价可以通过教学管理来实现。评价的主要部分是教师的教学组织、教学结构和教学示范。它没有考虑到对学生学习的态度和影响，对教师的教学也没有明确的诊断作用。新的职业教育教学质量评价更侧重于学生行为的改变，以及提高学生的自我评价和组织工作，对教师评价的改良和全面化有重要的影响。因此，职业教育教学水平评价体系应包括学生学习反馈、学习成果、学生评价与变化、学习行为影响四个方面。学生学习的反馈应包括对教育结构、课程本身和教学内容的反应、对教师教学技能的反应以及对所学知识和技能的反应。对学生学习的影响应包括模仿学习材料、理解所教内容、转移学习材料和改变学习材料。学生学习行为的改变应该包括对当前水平的更高期望、识别自己弱点的能力、允许他们发展的环境和尝试新想法的机会。学习成果应包括学生工作质量的提高、学生学习方式的显著改变、教学环境的改善以及学生对教学的满意度。

开展教育教学活动、教育教学改革和实验是教师最基本的使命和责任。职业学校教师评价强调提高教师双重资格认定、聘用和评价标准，突出实践技能水平和专业教学能力。

各级各类学校要加强师德师风建设，第一，建立健全理论学习体系，不断提高教师的思想政治素质。第二，要落实立德育人的根本任务，鼓励教师自觉增强责任感，引导广大教师以德立身、以德学习、以德教书、以德育人、以德为师，努力成为学生发展的好向导。

学生工作是教师教书育人的重要组成部分和基本义务，不仅是培养和塑造情感的重要途径，学生的态度和价值观、人格品质，也是促进师生之间相互熟悉和联络感情的重要渠道。

教师荣誉是对教师职业道德、专业知识和专业能力的全面肯定和高度认可，它有助于提高教师的职业认同和自尊，对鼓励和引导教师的专业发展起着重要作用。

职业学校教师评价的方式是教师教学质量的考核。通过进行这种考核，有利于明确职业学校教师所教授课程的优劣，对于职业学校教师的课程质量有基本的理清和认识，目的是进一步提升职业学校教师授课的质量，促进职业学校教师授课的不断发展和长期稳定提升，实现职业教育的课程质量提升，进而提高职业教育本身的质量，使职业教育整体长期稳定发展。

职业学校教师评价的重要方式之一是进行问卷式调查。研究表明，许多教师认为这是一个测试和选择好的教师的方式，但他们不知道如何研究和回答所有的教师的优劣状况。教师不能积极参与评估。优秀教师的比例很低，只有十分之一。统计数据显示，只有少数教师得到了这个奖。工作表现不佳，教师素质不高的数据评选数量与实际数量相差较大。教学评价目前侧重于关注少数优秀的教师或不合格的教师，而不能与所有的教师产生共鸣。职业学校教师的问卷评价不可避免地影响教师诚信。相当多的教师认为在评估中有心理压力，这必然会影响到对那些被承认和不被认可的科目的评估。

由于学校系统与教师的发展和奖惩有着密切的联系，大多数教师都非常敏感，担心他们的评估结果会影响他们现在和未来的工作。这主要是由于评估人员的能力不足，他们担心会有偏见，或者他们的领导、同事、学生或学生家长对他们的信任程度下降。教师认为，别人的偏见或误解会给他们带来消极的影响。委员会担心，评估结果将为重新任命和解雇提供基础，并且担心对于教师自身的评估过程是不清楚的。简而言之，他们害怕他们的利益受到威胁，他们的判断结果是为了他们的核心利益，影响他们的未来和他们的声誉。在评估过程中，一些教师故意改进和加强他们的优势，掩盖他们的弱点和错误，这是不可避免的。

研究对象和变化对评估结果的影响表明，许多教师认为主观因素是评估的重要组成部分。职业学校教师自我评价是一个教师自我剖析、发现和不断解决自己教学危机的过程。在教学评价过程中，评价者和被评价者很容易受到评价者的能力、观点、相关性、价值、利益和群体利益的影响，从而导致评价结果和实际结果之间存在冲突，没有准确地反映教师的工作成果。

此外，偏见也是难以避免的一个问题。偏见源于不断发生的先入为主。在评估教师的过程中，评估人员经常受到各种情况的影响，难以做到公平合理的评估，存在部分偏差是不可避免的。当我们评估一个教师的时候，一旦我们发现教师的某些方面是好的，评价者通常会被首因效应影响，觉得所有的方面都是好的，即使我们看到教师有很多错误，我们也可以“理解”或忽略它们。不过，以往的评估人员对评估对象的印象并不好，虽然教师在评估过程中有很多优势，但他们说：“评估的效果不应该太好，因为这个人以前做了什么事情，给的评价太高不合适。”

职业学校的教师评价难以帮助教师对自己的教学形成有效的反思。大量教师反映，评价信息的反馈存在一定的问题，包括但不限于评价信息的及时有效反馈，以及评价信息对于教学反思和进步的指导意义。这表明目前的教育系统没有建立一个有效的评价反馈信息网络。教师不能得到全面的信息，不能直接反映，也不能促进他们的发展。

职业学校的教师评价，管理占的比重更大。“管理倾向”强调教师认为对教学的评价是管理需要的结果。大多数教师发现学校董事会忽视了与教师的交流，教师们觉得价值观的多样性被低估了。在评估中，我们关注的是学校是否达到了评估人员的目标和价值，忽略了组织评估对象的价值，包括价值和个人发展需求、动机、个人身份、个人达成目标的欣赏和自我意识。要想改善这一状况，重要的是找到提高对教师进行有效管理效率的方法。

教师评价者和教师的联系存在严重的问题，双方都不完全理解对方的想法。整体学术发展和个人发展，教师之间的团结程度有限，一体化的教师心理和学习氛围没有形成，良好的归属感和团队精神更是无从谈起，教师对于学校有很多不满意的地方，影响教师的工作效率，挫伤教师的士气，降低教师的满意度。这在学校里产生了负面影响。

现有的评价只关注情感功能，没有有效发挥其发展和激励功能。它不能引导所有教师积极参与，改变自己的工作，促进教育的发展，不能满足教师全面发展的需要。

在引入综合管理的概念和确立综合教育评价的内容之前，教育评价仅仅局限于教育评价，忽视了其他教师技能的提高。一些教师经常组织实践活动，但他们不能与学生交流。有的教师理论经验丰富，实践能力较差。评价体系应立足于理论与实践，综合考虑教学实践与教学本身，充分发挥实现学生个人职业道德和社会功能的发展的教育功能。特别是在实际的课程评价中，它取代了传统课程评价体系的局限性。

职业教育的核心是培养学生的实践能力。这是为培养思维型和研究型人才而建立的职业教育专业评价体系，要求与以理论为主的传统教育相区分。因此，实践教学是教育过程中非常重要的一个环节。

我们在教育实践评价方面取得了一些进展，职业技术教育的重要性日益凸显。然而，现有的课程实践评价存在局限性，不能广泛推广，且没有引入指标领域单元。职业教育评价方法不同于理论教育评价方法。评价教育的方法与一般教育的方法有很大的不同，项目的特点是在实践过程中对教师的教育培训进行评价，评价的目的是帮助学生更好地实现教育目标。实践教学评价的应用有许多具体的操作形式和许多实践教学过程，如实验、实习、合作实习、课程设计、毕业实习等。另外，由于实践教学的过程和要求不同，评价标准和工具的使用也有所不同。因此，评价方法之间存在相关性和影响。实践教学与评价方法一样，各种因素对整个教学有很大的影响。因此，要分析基于班级特点的实践教学体系评价的概念和标准方法，拓展示范性质量评价体系、实践性教学、课程设计等教学方案。

评估有效职业培训，必须按照完善质量求发展的原则、引入全面制度的原则和绩效管理原则这三个重要原则进行评判。

第一，完善质量求发展原则是职业教育培训有效评价的主要出发点，职业教育应当充分重视培训的质量，达到高质量求发展的教学评价目的。必须从关键点找到对产出的承认，因为它在教育的主要因素方面对职业教育的教育改革是有效的。为了更高效地进行职业教育有效评价，需要使用系统、过程和标准等方法来管理评价过程中的关键点。

评价过程中的关键点可以分为如下几个方面。首先，职业教育是侧重于实际操作的教育模式，因此应当将重点放在实际的职业操作上。在教学过程中必须建立一定的专业职业教育体系和框架。具有指导价值和意义的框架是之后职业教育实际操作的指导。其次，教师拥有的专业职业教育体系和授课框架明确程度越高，论述越细致，在职业教育专业的实际操作中，可指导性也就越强，并且教学的效果会有相应的提升。最后，教师的教育教学能力是另一个需要重视的问题。教师的专业教学能力包括教师对于教材的整体把握程度、教师对于教材的各部分细分认识程度、教师对于教学的认识和设计能力、教师的教育教学能力、教师的课程讲授能力、教师的课程开发能力以及教师之间进行教学评价的能力。教师作为课程的主要讲授者，有必要与其他教师进行沟通交流，以达成有效的合作。

校企合作专业、订单班和现代学徒制等职业学校与企业共同创办的培训体系对于教师的职业技能提出了进一步的要求。教师必须做到有能力参与教材的开发和构建，有能力帮助学生参加职业技能竞赛，有能力提供实际服务的企业和行业，可以与企业合作开发课程和评价标准，建立多种形式的活动和方案发展，自行填写基于学校模式的教学材料。特别注意在实际训练课程的支助下编制实际训练材料。建立一系列易于理解的教育数据库模块，如多媒体教材，典型课程，练习、实践结构和实习项目，与课程相适应的学习论文或作业。

教师还需要建立专业实践方面的能力。职业教育的教师很多都有与本专业相关的工作或实践背景，需要在教学的同时，不断完善自己的专业能力。教师的专业实践能力包括对于任教的专业最新技术和其他相关技能的充分了解，对于任教的专业生产的国家标准和其他职业技术要求规范的高度熟悉，对于任教的专业能够真正地上手实操，并在生产中做出符合标准的产品。教师完善专业能力，有利于学习先进的技术，提升自己的业务能力和水平，更新换代自己的理论知识和实操知识，专业实践教学能力的不断提升和完善是增强教育教学能力的有效方式。教师不断学习新技术，完善自己的技能，还有利于更加有效地指导学生的学习，并带领学生参加一些相关的职业竞赛，有利于学生的长期职业发展规划，也对教师自身的职业发展有好处。

第二，引入全面制度原则是职业教育培训有效评价的另一种重要的方式。它是全球体系的基本原则，应当应用现代化的企业质量管理技术和方法，从碎片化的质量控制模式向全面、系统的质量管理模式的转变，为有效的教学评价提供重要的理论基础。在职业培训中，教学质量的一般教育过程被认为是评估的一个要素而不仅仅是高质量的结果。

评估系统的设计基于国际标准质量管理体系的概念。按照教学的一般规律进行，保证教学的有效实施，控制教学效果。这个逻辑框架使我们能够对整个教育系统运作的有效性做出价值判断。研究认为合理的教学目标能够为职业教育的质量提升奠定坚实的基础，相关投入是优质教育的条件，实施过程对素质教育至关重要。评估结果是持续改进和提高质量的主要途径，要求建立健全职业教育的培训体系。

第三，发达国家职业教育教学评价方法研究是可以借鉴的，即引入绩效考核的形式考察职业教育教学的有效性，让学校更注重实际影响和社会贡献。改革学校教育，关注社区需求、关注学生需求，不仅关注学生工作的当前需求，而且长期关注学生的需求。职业教育改革的影响和效益的评价可以从学校和学生的社会评价中看出。学生的社会评价，重点包括学校的吸引力，比如学生的熟练程度和社会满意度，评估学校被社会接受的程度。评判一所学校职业教育能力和教师水平的最直观的方法是其资源的规模和质量。学生的长期能力是学生在工作后适应和提高自己的能力。这可以从学生的工作韧性和对环境变化的适应能力上看出来。稳定工作 3－5 年，并根据环境改变工作的成功率进行评估。社会满意度是社区接受学生的毕业率，评估结果可以从学生作业质量分析和个别单元跟踪调查中获得。

教学评估是职业培训发展和持续改进的导航指标。对教学效果的评价应强调对教育的效力和发展，特别强调制订教育培训计划以及促进教师技能的发展。对所教授的主要改革问题的评估，涉及将工程合作水平与社会反馈相结合的过程以及学校企业问题的解决。例如，注意对培训项目续展周期指数的认可，以改善培训资源和管理续展水平。评估安全沟通渠道和机制，以监测学校举措的合作是否真正有效，以最有效和最快速的方式解决形成性改革过程中出现的问题。

第二节　网络化治理下职业教育区分性教师评价

一、教师评价目前存在的问题

现有的教师评价体系难以有效地评价教师的职业道德。目前的职业教育教师评价集中于教师的教育教学能力和其他相关教学方面，对于教师的职业道德缺少明确的指标。职业教育教师的职业道德具有重要的地位。职业教育具有特殊性，教师在很大程度上直接教授学生与职业相关的知识和技能，教师的职业道德也会相应地对学生产生潜移默化的影响，教师的职业道德水平高，学生也就“居芝兰之室，久而不闻其香，与之化矣”，反之教师的职业道德不好，也不利于学生建立良好的职业道德体系，对学生的职业发展没有好处。

现有的教师评价体系不能很好地适应现代发展新模式。教师评价考虑的因素应当与职业教育的新发展模式有机地结合在一起，应当充分考虑到职业教育发展的新情况，而不是一套指标体系一直使用。过去的教师评价体系存在问题，量化标准流于形式，以一种类型的单方面和外部客观测量不同的人，对个人个性评价不利，使根据这一措施和控制客体的评价难以做到主动和积极评价。相当程度的职业学校评价体系滞后，教学的工作量成为唯一的评价标准。部分学校还存在着以评价普通教育的方式评价职业教育的问题，职业教育学校的特殊性没有得到尊重。对教师的评价没有考虑到教师之间的不同，缺乏对区别性因素的评估，这对职业教师不利，发展的个性化无从谈起，教育质量难以提高。

现有的职业教育教师评价体系难以满足职业教育教师的特殊性。绝大多数职业教育教师的考核制度和考核机制使得教师工作难以充分、准确地呈现，职业教育教师的考核指标不能以最新的方式反映他们的全部任务。虽然指标中出现了一些要素，但不可能在权重指标方面介绍职业教育教师所做的所有工作。这种问题的重要原因之一在于教师自身的工作具有复杂性，内容众多并且广泛涉及学生的方方面面，职业教育教师由于面对的学生具有特殊性，不仅需要在一般课程的教育教学、教学科研、学生指导、学生辅导教育方面下功夫，更是涉及了校企合作、学生就业、职业技能大赛指导等与普通教育有根本性区别的方面。

职业教育教师教学评价主要以生评教以及同行教师教学大纲联合评价等专题研究为基础。这是因为，一方面，相比于普通教育，职业教育侧重的点不同，让学生学到与职业相关的能力是教学的主要目的，涉及升学的春考班或 3+2 等特殊的班制是少数，绝大部分学生不升学，因此很难根据学生的学业成绩直接评估教学质量。另一方面，职业教育教师面临专业化多、课程改版更换快、课程缺少一定的规范性文件等问题，难以衡量职业教育教师的教学质量。因此，建立一定的体系以评价职业教育教师的教学质量存在一定的困难。

现有的教师评价体系缺乏准确的标准。当聘请新教师时，他们需要清楚地知道评估标准的维度，知道他们需要提高自己的地方以及明确的发展方式。很多职业学校在这一方面做得不好。这不会导致教师只重视满足评价体系而不是将重点放在提升教学质量的问题上，因为在追求这些诊断标准的过程中，这些教师将同时获得相应的能力和素养。

现有的教师评价体系的主体混乱，他人评价和教师自我评价方面，领导能力往往起着重要的作用。教师评分系统是由学校领导或少数教师建立的，不能反映大多数教师的愿望和需要，也不能满足大多数教师参与建立评分系统的愿望。这充分表明，大多数教师在评估中的主要地位是无法反映的。在教师的评价中，大多数被评价的人在建立评分系统方面的参与度是非常低的，评分系统主要反映了少数管理者的愿望，不能反映职业教育学校教师的集体意愿。确定教师评分系统是实施教师评分的难点，以及如何确定一个更科学、更合理的评分系统是衡量教师成功的关键。评估主题的多样化将导致不同价值主体对价值的需求存在一定差异，不同价值主体之间的价值标准不一致将导致评估中一定程度的混乱。

教师在评价中的主体地位不能得到确认，与管理主义倾向有密切的关系。评价的目的是为了更好地进行管理，而不是管理本身，这种概念的混乱和管理主义的盛行，缩小了职业学校教师评价的范畴，不利于践行以教师为本的教师评价观念，对教师评价帮助教师进行专业发展的根本目的产生消极的影响。

二、区分性教师评价基本概念厘清

目前的教师评价主体主要包括以下几个方面。领导力评估是一种自上而下的评估，通常是指由校长或更高级别的管理团队进行的评估，这种评价方式一般代表着更大的权威。在领导考核过程中，必须遵守原则，即考核必须一切从实际出发，不能以主观印象为依据，否则会削弱教师的教学动力，影响教学。领导的评价体系所占权重过大，有可能会出现偏差和误差，这种问题的根本原因是领导看问题的方式很可能是职业学校的行政管理角度，并且领导学术背景很可能与被评价的教师不相关，出现看问题角度和教育背景导致的偏差。

学生评价教师又称为生评教，基本上是提问和研讨会两种形式。主要是关于对教师及其教授的课程的看法，评价教师的行为、教学技能、表现能力、组织教学能力、教师沟通技巧和教师的协调能力。生评教可能会为改进教师教学提供一些建议，但在现实中有时可能会有些曲折。一般来说，学生的评价是可靠的，但并不是所有的评价都是为了帮助改进教学，而且学生的评分会受到小组规模、论文类型、教师和其他原因的影响，很可能是错误的。学生的年龄偏小，很有可能不能客观地进行评价，例如部分学生主观因素较强，只给自己喜欢的教师高分而对严格要求的教师多有怨言。职业教育的学生评价有可能难以在教师的有效指导下进行，学生对于生评教的方式、意义、如何进行都有偏差，影响生评教的参考价值。职业学校的学生侧重的学习内容有差异，设置的专业各不相同，学习的内容和学生层次会影响学生评价的准确性。学生评价应与其他评价相结合，但一些职业学校还存在以生评教为主要参考方式的不合理问题，这会大幅度降低已有的教师评价体系的可参考性。

同行评比是指教师的教学评价是由研究部门或学校的其他教师进行的，其他教师的教育背景一般情况下是相同或相似的，并且对于一线职业教育教学工作有充足的经验，对具体情况有更清晰的认识，因此这种评价方式比较合适，而且也比较有利于在教师之间进行学习和交流，促进职业教育教师整体水平的提升，进而推动职业教育的发展进步。这种评价方式对于教师的教育教学能力有不可替代的意义。同行评价还包括一种特殊的形式，即专家评价。教育专家的本质也是教师，也接受过相同或相似的教育，并且同样具备职业教育教学工作的经验，在此基础上，对教育理论的充分把握，有利于教师的教学问题充分显现出来，是新型教育风格形成的开端。

教师评价自己的教学活动是教师评价的另一种重要方式，教师评价自己是对教师尊重和信任的重要表现，有助于培养教师的认同感，是教师职业成就感的一种体现。教师自我评价的本质是对自己职业表现的复盘。教师进行科学合理的自我评价，是充分利用评价复盘这一自我提升工具的表现，也是终身学习的重要标志。通常教师有三种自我评价的方式，包括根据别人对自己的评价来评价自己，通过比较自己与他人的差距来判断自己以及通过自己的分析和反思来评价自己。编写一份教学手账是教师评价自己教学活动并不断反思的有效方式。教师可以将教学任务的执行过程记录在教学手账中，同时把他们的想法写在一起，反映在进步的过程中。一般来说，教师可以评估和分析他们的工作，并做出改进和其他调整方式的决定。

职业学校教师区分性评价的实施有一定的原因。

第一，传统的职业学校教师评价体系有一定的弊端和缺陷。加强教师考核改革，建立考核体系，保证教学质量，促进教师职业发展，是中国职业教育改革的重点之一。因此，基于教师评价改革和实践问题的研究实践，我们首先要了解中国教师评价体系的现状。在正在进行的教师评价中，主要有两种评价方法：一种是教师在工作中对教师表现的评价，反映教学过程，称为投入学习评价。另一种方法是教师评价，它基于教师在工作场所取得的学习成果，称为学习成果评估。我们的教师分数在这方面仍然是首要分数，教师衡量的主要指标或唯一指标是学生在各类考试中的表现。这样做的一大弊端是，教师很在意学生的考试成绩，而忽视了学生的情绪、态度，激励学生；教给学生的是且只是针对考试的想法，不教学生如何成为完整的人，学生在这种情况下容易缺乏成长的动力，失去对学习的热情，降低或失去创造能力，对于生活的热情降低。对于教学过程中全面评价的忽视，不重视教育过程的复杂多样特点，会导致教师难以进一步发展教学，不利于教育教学活动的长期稳定发展。

第二，职业教育的教学活动具有一定程度的特殊性，需要按照不同的教师发展模式，尊重教师的发展差异。教师的职业也有明确的生命周期，教师在职业生涯的不同时期有不同的需求和技能水平。即使每个担任教师职务的人现实地涉及不同的问题或利益、不同的发展需要，评估的标准、时机和评估方式也应该对他们不同。建立健全职业教师区分性评价制度的基本前提是，发展水平和教师的需求并不是唯一相同的，如果教师评估根据同样的标准和程序，即便是需要大量的时间和精力，后果通常并非如此。学校校长应根据教师的水平和发展需要，在不同的层次和不同的需要，指导这些教师的管理，提供管理层面的有效制度和意见建议，并采取适当的措施，使其制度化。教师职业和其他职业一样，有一个独特的生命周期。他们的工作很复杂，熟练的教学实践需要足够的时间和支持来实现。但是一旦教师达到专业水平，专业学习就会从第一手经验中看到一种不同的方式，并开始指导自己。如果教师的教学能力下降或教学水平下降到几乎不适当的地步，他们也将得到高度的有针对性的帮助和支持。这些情况表明，评价过程中使用的方法可能在教师职业生涯的不同阶段有所不同。

第三，职业学校教师区分性评价在国外已经有相当成熟的经验，是成熟的职业学校教师评价体系。对不同教师的评估制度的一个重要组成部分是过去十年美国各种监督制度的发展的重要组成部分之一。这种评估系统认为，教师在不同发展阶段有不同的发展需求，因此为教师提供不同的专业发展评估模式是很重要的。教师评估的目的是促进教师的专业发展，并基于对个性和差异的尊重来提高教育水平。一些评估采用进步评估的概念，强调教师的个人价值和在进行教师评价方面对学科的尊重，这是实施发展评估的有效策略之一。区分性教师评价制度的既定目标是实现专业发展，教师以更好的方式，确保教学质量得到提高。区分化的方法必须考虑到教师具备相当程度的差异性，教师的发展水平和幸福感是需要考虑到的。如果按照原有的教师评估模式和评估方法，我们投入了大量的时间和精力，结果却更糟。学校管理人员处理不同层次和需求的教师来实现管理目标，根据发展水平和教师的需求采取一些适当的步骤，并将它们放在机构中。

这些标准的设计不是为了控制教师的行为，而是为了引导教师进行更加清晰的教学实践。评估人员在实际工作中评估某些行为，而不是一般工作描述。目前，西方国家虽然逐渐开始评估学生的学业成绩，但普遍强调评估差异化的教学是迄今为止发展起来的教学评估的结果之一。职业学校教师区分性评价的主要实施目标是实现最好的教育，促进教师和学生的良好发展。

美国教学改革的教师评估工作强调评估的方法，以促进教师的专业发展，基于传统的实证评估，已经过多年的实证教育和逐步认识。这已经是一个很好的动机，一个小组和教师技能，向所有教师展示了个人组织的不同需求和选择，并在如何成长方面提供了意见和建议。基于这种概念方法，许多州和学区充分考虑教师的专业技能结构，以教师的专业技能结构为基础，为教师创建了一个个人监测和评估系统。因此，美国大量的州和学区为教师创建了不同的评估系统，它可以提供广泛的选择，并适应个人的需求。

三、职业学校教师区分性评价概述

明确职业学校教师区分性评价的概念，才能更好地进行职业学校教师区分性评价。教师多样性评价制度是一个有效的教师多样性管理过程，通过根据实际情况和不同教师的需要，区分评价来保证教师工作的质量和绩效。

不同的教师评价体系从本质上来看是一种对教师情况进行的监督，旨在确保教师的工作质量和绩效，以明确的教学标准为基础，根据不同教师的情况和实际需要进行不同的评估和专业评估。所谓的“区分”，即一般情况下被称为“差异”的部分，评估的目的不是比较教师的水平，而是在评估中尊重性格上的差异，在任务中识别差异，实现优势与劣势的区分，确保学生的学习成果，促进教师职业发展。这一特征的指导原则是评估是一个过程。在这个过程中，个人被评估和尊重，重视个人的观点协商交流，本着一种民主开放的氛围建立知识，使教师和其他相关人员有机会表达他们的观点、兴趣等等，而不受评估者的价值观的约束，以提高他们的意识。这样做的目的是促进教师认识到自己的教学行为存在哪些可能的问题，并加以改正。

职业教师的考核标准是管理教师的职业学校的重要参考，这不仅是职业学校教师评价的起点，也是评价职业学校教师的依据和指标。职业学校教师的评价标准是评定专业教师活动方案的重要组成部分，体现人的价值观，是职业学校教师的指南。评估职业教育教师的素质是学校评价的必经之路，学校是在发展目的的基础上，采用标准的科学方法，根据时间表进行特殊化，评估专业教师的素质，确定专业教师的工作质量以及要使用的维度，改进专业教师的工作，加强学校管理，改善管理制度，创建并维护团队，为工作和决策提供可以参考的价值。

教师应通过反思自己的教学来为发展做出贡献，而教师教学情况的复杂性、多样性和教学技能在教师的反映中，在方法和规模上都有不同的影响。教师的“默会知识”必须在实践中学习，并在教学中表现出来，而不仅仅是在某些教学和心理学课程中取得简单的理论知识。有必要对不同层次的教师进行评估，考虑到他们在思维技能水平上的差异，可进行适当多样和重点的评估，以提高他们评估的真实性、科学有效性和客观性。

默会知识是一种隐性知识，这种隐性知识在教师的个人反思中出现，有经验的教师难以通过语言或者其他的培训方式向新教师讲解和传授默会知识，只能通过创新职业教师区分性评价模式提高新教师的理解能力，让他们亲身体验理解不同的默会知识，也可以按照理解的方式去感受蕴含的默会知识。默会知识对职业教育新教师的评价反思和之后的职业发展体系起着重要的作用，所以默会知识再难理解，有经验的教师也要多方面创新教学手段，以此培养新教师理解默会知识的能力。

区分性评价的实施以主体性取向为重要的理论基础。除了提高职业学校教师的教育教学能力之外，还必须提高学习能力，特别是运用理论和实践知识的能力。为了建立有效的主体性区分性评价体系，重要的是要检查教师的心理特征，不断改进诊断策略，提高教师发展的自豪感和主观能动性。通过评价者与教师的交流，所采取的措施可以有效地促进教师的发展，并逐渐成为教师的内在动力和利益，使教师能够积极地评价他们。评价结果对教师的影响直接与教师的身份有关，评价结果必须得到教师的认可，教师的学科必须得到尊重，在评价过程中要记住教师的个人特征不同，不同的教师有不同的特点，考虑到情况的复杂性，重要的是避免对每个人进行不适当的评估。主观评价教师的倾向要求尊重教师之间的差异，教师的发展是自主的，而教师的尊严是主要内容，强调教师在评价过程中的积极参与，并实现他们的有效评价。关于他们的教学行为，由于缺乏科学的指导和理论的有效性以及对初级职业教师的全面技术支持，职业教师在职业学校的研究往往没有达到预期的目标。一些关于教师评价的理论在我国目前的职业学校中是不合适的。一些校长不赞成深层次、严苛的修正理论，不理解评估对专业教师专业发展的重要性，也不明白评估的重要性，但在实践中，科学评估和标准化理论不能客观应用。

创建科学的评价指标体系非常重要。科学的评价指标可以有效衡量教师的绩效，促进教师的专业发展，并且由于教师的性格、职业技能、教学方式、作业类型的方面仍然存在很大差异，所以评估不应该是单一的，而应该是多样化的。这种区别是教师在重申定制审查质量以及问题评估和评估方法的选择方面发表意见的一种方式。只有这样，才有可能充分发挥教师的潜力，发展教师的能力，进而促进教师的专业和积极发展。

任何有效的评价系统都应该是简单易行的，具有科学的、低成本的和特殊的影响特征，建立和实施教师的评估系统都应遵循循序渐进的原则。应该逐步消除工作过程中的阻力，主要是在特定的时间进行全面的开发。目标必须是清晰的和可识别的，以使评估变得合理和公平。在职业发展的各个阶段，教师质量的变化趋势是很容易实现的，评估是很容易衡量的，让人们更容易看到进展。

职业学校教师区分性评价强调实际评价的复杂性，重视区分评价的实际操作价值，不比较教师的差异是不可能的，但要尊重价值的多样性和个性，它为教师在发展中提供了最合适的发展方式。提出区分性教师评价制度，其实就是发展性教师评价进一步研究的结果。

第三节　网络化治理下职业院校教师评价体系的重构

一、职业院校教师目前存在的问题

我们需要教学方法和关于教学和学习的想法。许多职业教育教师尚未接受过正规教育和培训，而是在摸索的同时教育学生。大多数职业学校教师尚未形成系统、完善、先进的职业教育理论和理念，缺乏对职业教育基调的了解，缺乏对职业教育理念的系统、科学和正确的定位，无法理解职业教育的发展方向。他们学到的知识是一个知识体系，而不是一个实践体系，理论是实践的基础。许多教师与实践联系不大，在大多数教学中，他们专注于理论而不是实践。

有些老师对实践知之甚少，不擅长动手实操。在许多学校，数量最多的教学教师是那些立即从学校毕业的教师。这些教师对实践知之甚少，对实践中的新进展背后的混乱也知之甚少。另一个原因是，由于课程排列过多，教师没有足够的时间进行检查和练习。

有些教师没有充分意识到学生的特点，无法根据学生的能力来教育学生。近年来，由于高等教育入学率的提高和私立教育的增加，技术学校缺乏生源和学生素质下降已成为不争的事实。学生的智力和身份基本上是复杂和明确的。但是有些教师对这种变化并不满意。在教学方面，将传统教育所需的方法、材料用于学生的教学，有的采用高中课程，这不可能及时取得成功。由于缺乏对学生的真正了解，教师在教学过程中必须以某种方式做出改变。有许多课程教师和完全实用的教师，不仅这部分教师培训课程比实践部分强，而且从组织大量教师的角度来看，很少有合格的教师参与到实践的指导中。即使对于一些全职教师来说，因素也发生了变化。

不合适的教学人员是阻碍职业教育发展的重要原因之一。高校师资队伍职业培训严重不足，教师的素质有待提升，顶尖教授少，缺乏专业领导、实践型教师。在目前的教师实践中，理论与实践的结合需要教师技能的发展，这方面的效果较差。确保教学模式充分整合实践理论与实践。兼职教师的数量可能很高，但在教学中整合理论与实践的能力需要提高。在教育实践中，将工作与学习相结合，学校与产业合作是新模式，部分教师缺乏校企合作机制观念，在职业院校的可持续发展、职业培训等方面的认识不够完善。

职业教育教师的专业程度有限，许多教师来自其他基础教育体系，缺少针对职业教育的专门变革。教师仍然利用在前一所学校获得的理论知识，他们不能或没有时间走到学习的前面，他们没有及时了解前沿技术动态，知识总是落后于实践的发展。大多数教师在教学过程中，缺乏特殊的操作技能，因此对于职业学校学生的教育成果和职业教育的要求和目标相去甚远。另一方面，中等职业教育学生人数不足，学生素质下降，学生结构复杂等，专业中学教师对这些情况认识不足，教育方法跟不上时代，导致教育教学存在严重问题。

有效提供教师是一个重要的问题。教师教育水平是决定教学质量的重要因素。教育水平的提高，要求教师继续接受持续的、多方面的职业培训。调查显示，由于经济困难，专业教师很少有机会接受培训。接受一年培训的教师比例不高，大多数专业教师很少有机会接受培训。因此，专业教师获取工业企业技术发展信息的途径受到严重限制。调查显示，有足够数量的教师通过自学获得技术信息，只有少数教师通过技术培训获得信息。这使得教师的专业视野非常有限并且很难理解工业企业的技术趋势。这对提高教育教学质量是非常不利的。

所谓有效教学，强调尊重教育规律，以尽可能少的教学投入达到最佳的教育效果，有效教学的根本目的是促进学生的有效学习。职业培训有效教学的主要目的是帮助学生发展专业技能。根据职业技能训练理论和职业培训教学理论，职业培训的有效教学可以定义为：立足于现代职业教育的基本原则，遵循职业能力培养的规律、专业的工作流程，结合学生目前的经验，将教学与职业活动相结合，借助强大的、长期的课堂学习和实际工作经验，允许学生与工作世界互动，在知识、技能和工作的特定元素之间建立强有力的联系，以不断完善和提升专业能力的获取和建设过程。

实施职业教育创新是全面的。其他一般技术具有结构、功能、技术和多层教学改革，且在许多方面和不同的角度都得到了系统的研究调查，加强了职业教育教学体系的内外要素控制效果。在教学评估功能的帮助下，领导教育改革深入发展，促进了学生的发展，大大提高了教学质量，最大限度地发挥职业教育教学创新的作用。

职业教育教师评价体系是目前我国教育发展体系的重要关注点之一，其发展和进步与职业教育的改革创新有着密切的关系。职业教育教师评价体系存在的问题显而易见。职业教育的评价形式化问题较为严重，不能有效地评价教师在教育教学过程中的各方面水平，难以促进教师的进步，不利于提升教育教学质量。这些问题的出现不利于职业教育的教师评价体系长期稳定地发展，是职业教育进一步发展进步的阻碍因素。要从理论的层面建立健全教师评价体系，整合内容，对教师进行科学评价。

第一，职业教育教师自身对于职业教育教师评价的理解存在一定程度的偏差。受到传统的模式影响，职业教育教师认为教师评价是且只是教师的奖惩性评价，与教师的升迁奖惩密切相关。这种模式在很大程度上是形式主义，教师的升迁奖惩与这种评价有关系，但不是很密切，这就导致了某些问题，如教师对于教师评价体系持消极的态度，认为这种评价体系不能真实地反映教学的质量，更不用说作为升迁奖惩的依据。

教师评价是对教师工作的实际或潜在价值的客观评价，其主要目的是提高培训的有效性，促进教师培训的科学研究。传统的教师评价主要是从学校管理的角度出发，评价的目的是对教师进行良好的管理，而不是注重培养教师的专业素质。从这个角度来看，这种评价主要是一种奖励和倒退的评价，不过是权宜之计，也没有基本的指导方针。从短期内，物质激励可以提高教师进行教育教学的积极性；但从长期来看，重叠的激励评价模式会消除教师工作的专业性，不利于教师的专业发展，对于教师维持长期的工作热情不利。评价结果与教师的根本利益相违背，往往遭到教师的拒绝。教师把教学活动看作对领导控制的回应，为了寻找个人和经济利益而寻求被动和盲目的结果，而不是从自己的角度提高教学质量，提高自己的教学和科学研究技能。

第二，职业教育的评价体系与目前的职业教育发展不相适应。传统固有的内容和形式跟不上教育改革的步伐。近年来，职业教育发展迅速，教学形式和方法也相应地日新月异。教师评价应适应职业教育改革和时代发展的需要，实施科学改革。然而在一些学校，旧的评估标准继续用于教育评估。在评估教师在课堂上的能力时，旧有的标准关注的是学生的纪律和表现。教师能力评估学生的支持，发展学生的学习过程和方法、性质、教学质量和教师的吸引力。针对教师的工作热情，一般只有考勤、作业和测验作为标准。如果教师想要改变教学方法，培养学生的自主学习能力，改变课堂任务评估方法，他们就违反了以前的评估标准。教师们担心他们的领导认为他们不能上课，他们在准备课程和做作业方面疏忽和懒惰，他们在年底没有很好的成绩。在高风险评估的情况下，教师对评估的反应通常是改变他们的行为或教育策略，即使他们认为这行不通。从长远来看，教师将失去创造力，不利于职业教育创新，并且对于教师的职业长期稳定发展没有好处。

第三，职业教育教师评价的评价主体的多元化程度不够。原有的评价主体一般是教师的上级领导，同级同事之间的互评数量有限，教师评价的其他主体更是无从谈起。来自上级的单一评价不利于评价结果的客观性和稳定性认同，教师作为被动的受评价者，难以认同和反馈进一步的评价意见。

二、建立健全职业学校教师队伍

职业教育教师应当更多地接受教育培训。教师职业道德要求教师坚持终身学习的原则，树立终身学习的理念，重视将科学精神贯彻到教学过程和自身的不断学习之中，学习各方面的知识，培养各方面的能力，促进全面发展，扩充自己的知识面，不断更新知识结构与时俱进，了解学科前沿知识，重视个人教学业务素养的提升，以终身学习作为提升教育教学水平的不竭动力。

学习教育和教学理论，提高理论素养。学习新技术和新流程，并更新知识和能力结构。学习高等职业教育的教学理念和方法，推进专业教学改革。校本培训是促进教师专业成长的重要途径，以专家领导，集中培训，同伴辅导、讨论，重点、难点培训、学习科研为基本方式，进一步加强和完善职业学校教育教学的对策措施，探索人才培养的新模式、教学改革的新途径，通过实践验证，实现教师的专业发展。开展学校与企业的合作，安排职业教育教师在企业实习，提高其专业技能和理论与实践结合的能力，了解新技术的应用和发展趋势，提高其专业技术水平。

职业教育过程中的研究是重要的部分。专业教师必须结合教学实践和个人经验，在教育教学活动的实际中发现问题并解决问题，实时总结研究结果，尝试在实践中修正，通过研究总结经验、了解方向，促进教育教学不断进步和职业培训的发展。组织职业教育教师结合工作实践开展学科研究，指导课题研究，积极申请各级科研和竞赛项目，通过学科研究促进教师的专业发展。积极组织职业教育教师参与各级学术研究活动，拓宽视野，接触理论前沿，把握职业教育和教学改革的动态，积极开展学术研究，提高自身的学术水平。

职业教育教师的评价体系重构可以通过培养专业带头人的方式进行。对专业管理人员的培训需要进行改革、创新和进一步教育。职业培训是必要的，为了培养、选择和确定专业的教师，充分发挥他们的示范和指导作用，以不同的方式呈现出职业素质高、有能力的教师，能够装备好教育理念，增强实际效果。例如，创新课程，充分参考技术专家的想法，参观国内外的职业学校学习和实践的机制，设计和改进课程，由熟练的人、项目组织者、教师进行管理和高级研究。选择学科以丰富的专业形式，刺激升学，鼓励教师从事职业教育科研，提高学校教学质量，不断提高职业教育的教育水平，实施支持教育发展的政策，扮演好学科带头人、专业人员和教师管理学科的角色，不断提高职业教育教师的综合素质。

专业带头人需要具备较强的综合能力。专业带头人必须具有较好的道德品质，教师是人类灵魂的工程师，是青少年学生成长的引路人，师德师风建设是教师队伍建设的重中之重。专业带头人必须遵守法律法规，执行国家教育政策，热爱职业教育，热爱专业，热爱学生，具有敬业精神。通过加强政治教育和教师管理，提高专业带头人的道德素质。职业教育需要培养技能和道德教育。教师职业道德要求教师为人师表，以自身良好的品德和文明的言行举止，对学生产生积极的影响，以润物细无声的方式，潜移默化、深远持久地培养学生的良好品行。毕业后，职业学校的学生直接进入生产、管理的实际操作职位。纪律、学习能力、工作能力、社交能力等都是职业培训的重要组成部分。专业带头人的道德教育作用十分明确，即通过教师自身的良好品质，培养学生成为高素质劳动者，提升学生的道德修养水平，尤其是职业道德，培养适宜现代制造业发展的大国工匠。

专业带头人应当具有较高的教育水平。专业带头人必须接受过相应的教育，具有符合职位要求的专业技能和学位。如专业水平高，系统地掌握研究专业的理论知识体系，熟悉专业教学技能的功能，对课程内容、课程结构和主课程的技能体系有很好的了解，明确职业培训的主要学习课程目标、主要课程的课程目标以及专业职位和专业技能形成中的作用，作用和价值在规划和控制职业建设、人才培养计划和学校教科书的开发中发挥作用。对本专业的专业发展理论有相当清楚的了解，对专业课程的基本原则和方法以及专业文化建设有较高的熟悉度，明确人才培养的管理模式，能够规划出专业实践建设项目和组织实施的队伍，能够在专业人才培训或课程设计标准中交流关于创新能力标准的意见和建议，并能够评估完成活动的教学目标的风险。可以将学校的专业建设与实际教育教学工作和自身的工作安排相结合，并以书面形式提交相应的报告材料。

在专业学习中，注重培养学生的知识、技能、学习态度、学习能力、执行能力、协作能力和创新的能力；基于调查的学习和其他学习方法可以引导学生在课堂外进行自主学习。有很强的业务导向能力，有很强的应用研究技能和技术进步以及了解市场的能力。专业带头人需要了解新知识、新技术、新工艺、新材料、新设备，具有吸收、消化和推广新标准的能力，掌握最新发展趋势和主要研究成果，研究实验室的材料建设及相关施工工程。基础理论扎实，知识广，学习效果好。具有较强的实践能力，在指导学生提高专业技能方面取得了一定的成绩。学术思维活跃，富有创新精神，具有系统扎实的专业理论知识，专业知识和学术水平应在职业教育建设中处于领先地位。

专业带头人应当具有较强的就业指导能力，在就业标准市场中具有较强的研究和分析能力，同时又能根据劳动力市场的变化和就业要求匹配专业学习的内容。他能更好地理解管理者的发展方向，能够根据管理者的特点，开展专业课程的建设，了解毕业生对知识和能力的工作需求，开展以工作过程为导向的系统课程改革，使课程能够更好地满足实际生产的需要。通过行业知识，深入分析人才供应行业的发展需求和技术技能水平，评估人才链中的关键环节，进行职场导航，提高专业技术技能以及改进人才培养模式，确定成长方向和供应水平的识别。专业带头人不仅需要知道在学校教育本身培养的人才之间的区别，还需要提高专业技能的先进性和质量，保障技能被准确培训，完善利用。深入分析专业所需的人才供求情况，基于对职业群体在行业发展中的位置和作用的准确认识，在人才数量、结构、层次和建议等方面都有非常深入的反思。对行业内能源需求进行质量调查，并推动改善竞争对手的供应。通过一支专业团队带领专业的培训中心，设计独特的专业逻辑和培训的方式，以制定专业资源的理念，根据先进的视角对发展感兴趣，适应专业培训内容，进行复杂的技术培训。总而言之，专业带头人必须是具有丰富教学实践经验、积极从事教学工作的人。

构建专业带头人评价机制，需要按照一定的方式方法进行。专业带头人是专业建设的核心人物，他们会积极地思考未来，以专业的方式建设，而发展的动力主要来自尊重和完成的意识。因此，为了证明专业带头人的职业身份，有必要建立明确的技能标准，并在这些标准下的教学团队之间进行选择。

为了鼓励和激励专业带头人专注于研究和开发系统，为其创造一个重要和卓越的环境，鼓励专业领导者进行评估，就需要建立科学合理的评价体系。在评价中，以专业内容确定分析评价，建立客观公正的评价机制。注重组织结构的平等，认识到专业架构知识的分布与专业架构的决策能力之间的相关性。通过建立这一制度，它澄清了教师团队的专业领导作为教师团队中最高教育权威的权利和责任，以及官僚机构对基础教师教育的影响需要进一步加强，避免官僚机构对于专业带头人的工作产生行政方面的影响，避免外行领导内行，力图为专业带头人提供良好的环境制度，以提高他们的学术影响。

要掌握各种专业提升体系的技能，需要将各种职业培训体系整合到体系中，在教师职业发展的第二阶段，以标准的规模化体系建设作为教师的职业生涯发展培育路径。专业带头人应该专注发展他们的领导技能，加强学习作为学科专业带头人需要掌握的知识，包括职业教育发展的模式以及作为职业教育学科领导者应当具备的一些技能。

职业教育教师的评价体系重构可以通过教师团队的形式进行。培训人员的主要工作范围包括高等职业学院以及中等专业技术学校，这些教育机构专业资格组织的一个重要形式是它们由公共机构管理，具有实践技能的高素质专家团队，可以实现培养高素质人才的总体目标。教师以组为单位，进行分工和合作，是一种紧密的结合。职业教育教师形成团队，有利于建立内容开发、教育和方法材料的构建，教学培训的组织强调了与实施、研究和行业创新以及大学和企业之间合作相关的方面。职业学校教师团队的作用非常重要，不仅是职业学校教师职业发展的另一个重要起点，也是发展职业教育和教育机构的主要竞争力的主要载体。

职业教育的教师团队形成应当按照一定的方式进行。通过在交流团队中学习，分享教师的知识，提高教师的专业发展水平。第一部分是开发专业建设带头人，或者说是专业带头人。他们不仅接受过高等教育，而且有远见，可以根据社会市场发展的需要指导专业发展，旨在建立专业团队研究行业发展和专业发展，并改变培养年轻人的想法，选择专业技能。第二部分是专业教师。教师团队不仅要完善他们的专业资格，提高他们的实践能力，还要培养他们的团队合作精神和领导能力，组织、教学和研究在他们的角色中至关重要。第三部分是专业发展的其他力量，主要是年轻教师。

三、建立科学合理的发展性教师评价体系

教师评估是教育评价最重要的因素之一，也是教师发展的主要问题。教师评估包括学院的介绍和使用、选拔和晋升、职业文凭评估、培训和评估以及其他方面。职业学校需要改变课程评估的作用，以改变传统的单一强调筛选和选择的旧有模式，并指出评估的功能，以促进学生和教师的发展，以改善教学实践。

教师发展评估制度是充分提高教师质量和建立教师团队的必要手段。根据中国教育的特点，这一教师评价制度已从发达国家教师评价制度中学到理论基础，并获得了有益的经验和实践。发展评估考虑到教师的地位和角色，并反映了教师的要求。教师发展评估认为，每一名教师在教育和教学过程中都有共同的条件和选择，这就澄清了评估的目的是确定需要发展的方向或领域，不仅是为了发现缺陷，而且是为了关注每个教师未来的专业发展需求。结合传统评估模式与发展评估模式，取其精华，去其糟粕。综合利用这两种模式，为教师评价的不断科学化创造充分的条件。

从理论上讲，教师评价的目的通常包括两个部分。第一，是促进教学过程趋于规范合理化。第二，是提高教师教学技能的发展，以满足学校的长期需求。在这种语境之下，即使是发展评估也不是没有设置原有的奖惩性指标。教师评价的发展与奖励教师的评价并不矛盾，它们可以走到一起，相互融合。教师评估具有直接影响，教师可以利用教师评估的结果来促进个人专业发展。建立并应用一个框架来评估和确定系统指标，指标的选择决定了评估的性质。评估应提供有意义的信息，从而促进教师培训行为的改进。考核范围根据教师的工作特点、职责和表现确定。指标是根据教师期望的各个方面的目标模式而出现的特定参数。使用客观的评价标准，在同等情况下，将教师绩效与组织内其他教职员工进行比较，满足教师评价、晋升、免职等行政科学应用。

教师评价指标体系一般情况下应当按照一定的比例进行分配。

第一类是教师本人的素质，包括教师的工作态度、教育教学和自我发展能力以及与教学活动相关的其他能力。教师的工作态度方面，需要注意教师是否满足教师职业道德，是否关爱学生，是否对于工作保持认真踏实的态度，工作的积极性是否满足需求，是否有充足的工作进取心。教师的工作能力方面，需

要充分考虑教师的教学能力和教师的自我发展能力。教学活动是教师的工作核心，教师的教学能力是教师评价的重点。教师贯穿教学全过程的能力，包括教学之前的教材把握和教学计划，教学过程中的教学实施，教学氛围的创设，教学突发情况的处置，教学过程之后的教学评估以及根据学生意见和建议进行的反馈和调整。教师的自我发展能力包括教师是否按照教师职业道德的要求进行终身学习，教师的自我管理意识是否满足需求，教师的职业生涯规划，教师的教学反思态度和能力，教师的科研水平等各个方面。其他能力指的是教师除了教学活动之外，与学生相关的其他能力，包括教师是否为人师表，是否注重培养学生的良好品德，教师是否重视管理学生的行为，教师对于学生的心理健康状况认识的程度，即教师是否了解学生可能存在的心理问题，学生的一般心理状况，学生的心理健康能力培养等方面做得是否到位等。

第二类是教师在处理这些问题时的效果，也称为绩效评价指标。在处理评价时，应当本着发展性评价的原则，按照一定的比例分配各项指标，制定有据可查的评价标准体系，明确评价的标准、评价的项目内容、评价的方式方法、评价的主体、评价的分值。在填写评价时，应当本着实事求是的原则，坚持以科学的态度进行评价，按照一定的依据进行，并且撰写评价报告。

第七章 网络化治理下职业院校文化治理创新

文化与人类社会的关系密不可分，没有社会就没有文化，文化是社会的重要组成部分。文化是一个国家的精神传统，一个国家长期发展形成的精神和谐，其基础必然是在价值观和审美价值上，具有相当程度的广度。职业院校文化是校园文化的一种，属于文化这一大的范畴之中。在教育的过程中，文化扮演着重要的角色。本章主要论述了网络化治理背景下职业学校文化的建设需要做什么，对于学生有什么样的好处，职业学校文化与内部治理具有怎么样的相关性，以及相应的治理能力效能评价。

第一节 网络化治理下职业院校文化与内部治理的关系

作为社会文化的一部分，职业学校的职业学校文化也体现了主流社会文化和教育的本质，它的特点十分鲜明。职业教育作为与通识教育不同的一门教育形式，具有其独特的文化特色，而学校则具有普遍的文化关联性。人民的共同发展是职业学校文化建设的愿望。教育是人类发展道路的具体启示。职业教育作为“从工厂制度中萌发出来的教育同生产劳动相结合的教育制度和劳动制度”，是对于人的全面发展的重要支持手段。职业教育的侧重点是面向最广泛的人才，是帮助最广泛的人才寻找到适宜自己发展空间的重要教育形式，是坚持以人为本办教育的重要表现。

从国家层面的战略角度来看，职业学校的文化建设必须成为学校管理体制建设的基础。职业学校不仅解决了就业、城市化、公民权利和变革的问题，而且我们必须看到，我们培养的是执政党的阶级基础，是党的政权的捍卫者。现在，我国的技术人才培养呈上升趋势。由于员工受过专业机构的培训，他们必须代表先进的文化和高科技。提高职业教育机构的管理能力是发展高质量职业教育和创建高质量职业机构的重要选择。为了提高更高层次的专业组织的治理能力，需要建立一个结构合理、有效的内部治理体系，明确内部治理与外部治理的关系，共同创造一种被称为更高层次组织的职业学校治理文化，它是包含所有部分的全面治理体系。

职业学校是职业教育的重要组成部分，职业教育是整个教育体系或教育环境的重要组成部分，这意味着职业学校的人文素质教育不能落后，需要达到与之相对应的年龄层级的普通教育的水平，同时它必须具有独特的职业教育特征。教育现代化服务于国家现代化，教育管理必须反映国家管理的基本需求。职业教育是一种与普通教育类似的教育，在教育现代化过程中发挥着重要作用。职业教育机构需要在国家职业教育改革框架内推进管理体制结构和管理能力建设。

职业学校文化是社会文化中的文化流派。受到其他文化的影响，职业学校文化建设需要建立在其他社会文化的融合基础上，如组织文化、区域文化等，而职业学校文化也影响着其他文化的形式和内容。职业学校文化不仅是教育质量的反映，更是职业学校特有的教育的表现，还是社会思维的反映。

职业学校文化由物质文化、制度文化和精神文化三个层次组成。三个中心圈的功能各不相同。它们不是完全独立的，而是相互控制、相会吸收、相会制约的，有一定的关系。具体来说，物质文化是学校组织文化的基础，它是教育体系文化的载体，是文化的灵魂，是学校最普遍的组织文化的外在表现和象征。制度文化是学校制度建设的关键和确立保证，融合了物质文化和精神文化。一般来说，精神文化是学校组织文化的主导力量，决定着学校组织文化的发展方向和制度，强调学校组织文化的文化特征。这是职业教育学校构建学校组织文化的最终目标。职业教育学校的人才培养目标将决定职业教育学校与当地的经济建设关系的密切程度，以及文化的扩展和传播多元化。职业教育学校组织文化的建设必然受到社会文化的影响，同时也影响职业教育学校通过文化的传播进行社会合作。

职业学校文化具有相当明确的核心，从思想文化到伦理文化，从教师文化到环境文化，虽然复杂而多元，但其基本的出发点和核心点就是职业学校的价值观念和取向。确定学校的价值是职业学校文化建设的核心。第一主题是反映和创造学校的价值，这是一种强有力的价值取向，为建立职业学校文化奠定了基础。这既反映了社会文化的不断变化，也有助于形成网络，促进职业教育学校的传统价值特征的形成，是建设专业职业学校文化的关键。

职业学校文化的目的是直接对学生进行职业教育主题的教育。这可以教会职业学校的教师、学生和员工为了个人的幸福和更大的和谐，转换能量，实现学校设定的目标，取得好的结果，甚至成为学校发展的灵感、源泉。职业学校文化是团结并组织成员活动，引导成员采用实现组织目标的有效方式。职业学校的文化有关管理的成败，往往取决于学校的制度文化能否充分发挥积极的指导作用。校规和其他行为要求是职业学校文化的重要组成部分，一个组织只有拥有共同的价值观、宗旨和精神愿望，才能形成内在动力，创造团结。学校成员可以有意识地调整个人表现，达到适应学校需要、被动顺从变化、主动适应的目的。职业学校文化是学校拥有的文化教育记录的总和。因此，无论何时何地，教育受影响的教师和学生，提高意识是有限的。加强职业学校文化建设，进一步明确学校的主要目标，人人有责。随着在共享文化意识的基础上形成的集体意识，教师的敬业精神和责任感逐渐加强，学生的敬业精神和成功感不断提高。在这种良好的环境下，学校的激励机制是有效的。

在课堂之外，建设一种对于教学具有不可或缺的价值的文化，体现了充分利用素质教育的重要性，也是学校建设文化的一种精神发展。学生的成长离不开人文精神环境，文化建设支撑着学生精神，它既是群体进步的实现，也是精神群体中心的连接，具有无可替代的作用，是进步创新的推动力，虽然不容易被察觉到，但是作用极大。

通过对现有的职业教育文化建设的挖掘和改善，职业学校学生在接受各种教育后才能理解行为准则，并使教育易于推行和活跃，从而使学生管理对无监督的自我管理产生最大的影响。在创造教育和发展环境方面，职业学校文化起着重要作用，文化影响着学生的发展。

职业学校文化建设的薄弱环节是不体现自身个性，没有表现出充分的“专业化”。普通职业学校和其他普通教育学校的培养目标不同，职业学校的文化建设要体现其特色，帮助培养能够适应现代化需要的专业技术人才。

应该有一个完整的职业教育文化建设工作，应该有一个专业技能培训体系，提供一个完整的过程。基于专业素质，坚持专业发展是第一位的，同时要重视培养专业技能和专业精神，注重提高学生素质、专业素质和规范专业行为。为了使学生成为专业的践行者，需要坚持以书面和公认的道德标准为指导，在学校的校区活动中进行建设性的培训和培养，建立一个强有力的、一致的体系。考虑到职业教育的具体目的是非常重要的，如在学生的职业生涯中，他们的目标是参与产品、服务、技术和管理。为了培养学生的应用技能和实践能力，以服务为宗旨、以工作为导向的学校经营指南已成为职业教育学校的基础。职业教育学校与企业密切相关，对企业文化的构建应与企业文化紧密联系，广泛了解市场文化，融入市场文化，完成对这类专业文化的构建。构建具有鲜明职业特征的文化模式和全方位结构是很重要的，要分而有序，遵循构建一定职业文化的一般规律。

创造学校文化是一个漫长的专注过程，特别是学校文化的成熟往往需要学校一代甚至几代人的持续努力，这不能通过在短期内走捷径来实现。随着学校文化的成熟，它将成为学校发展的取之不尽、用之不竭的能源和巨大财富，真正使学校做到可持续发展。由于自然环境、学校环境、发展历史、职业行为和每所学校的学习目标都存在差异，学校的理念、管理方法和发展目标也应根据学校的具体情况来制定，由此产生的学校文化也有其自身的特点，尤其是职业学校。

职业学校文化建设是一项长期工程。职业学校以校风为依托，结合学校的历史、传统、风格和特色，营造积极、清新、开放的校园氛围，培养学生正确的人格。以较高的专业素质培养与社会环境相融合的合格人才。由于专业特点的差异，学校文化已成为不同学校受社会认可的独特象征。职业教育学校有内置的校园文化应用，以遵循学校的教育目标，并根据市场对实用技能的需求招收学生。学校的重要性在于教育人，重要的问题是教育出来的人是怎样的人，受教育程度如何。学校的存在教育社会人民，科学教育应该是职业教育学校教育的基本职责和永恒追求，以及新的精神和魅力。职业教育学校校园文化建设是一个缓慢的不断积累、不断完善的过程，是在长期的办学实践中完成和完善的。学校师生应立足于办学宗旨、办学理念，结合职业学校的特色，对接校园建设文化。

学校文化的根本基础被创造出来。重要的功能建立在特定的物质基础上，通过不断重复学校群体的良好礼仪，逐渐认同并服从学校的一般价值观和精神观念，从而成为学校进步的精神支柱。教育与文化紧密交织在一起，文化是教育的内容，教育是文化转移的工具。学校文化在整合组织成员的行动、引导组织成员实现组织目标方面发挥作用，而这是积极作用还是消极作用，取决于学校的组织文化是否提供了积极的领导。建设学校文化，正是职业学校适应职业教育发展、深化职业教育教学改革、提高组织学校工作水平的体现。学校可以主要发展职业教育文化，为我们走有特色的管理学校的道路打下坚实的基础。

管理实践必须培养学校职业教育的文化和精神。学校本身就是人们学习道德和文化的重要场所，职业教育学校的文化和职业教育学校的精神必须在各个方面结合并相互联系，以支持职业教育学校的制度和有效管理。重要的是创建一种各方高度认可的职业学校文化，这是提高管理水平和管理技能的重要组成部分，并有利于创建一种与管理体系高度一致的管理文化，必须在各方高度认可的基础上建立治理文化。每个职业学校都有自己的使命，重要的是要建立一个以育人目标为中心的管理体系，创造独特的学校文化和学校职业教育精神。根据职业学校的组织特点，科学、资源、实用的管理机制得以建立，营造了浓厚的制度文化，管理方法的科学化、规范化、系统化得到巩固。尤其重要的是要创建连贯的政府文化，发挥职业学校的所有积极因素，促进充分的管理参与，保持连贯的管理权力，加强管理思维和逻辑。

教育管理不同于其他方面，它在现代教育的各个方面都起着基础性和保护性的作用。建立健全科学合理的职业教育管理系统，促进职业学校治理效能提升是职业教育现代化的重要组成部分。为了通过管理激发与职业学校各方面相关的积极因素，为职业学校的发展服务，需要建立符合高水平职业学校建设要求的体系，并在此基础上不断完善。

为了提高职业学校的管理绩效，我们还必须关注区分管理体系与治理文化之间的关系。治理系统在技术层面上处理关系：治理文化是治理概念下的精神认知；职业学校的管理体制以党委为领导，主要协调行政权、教育权和民主权力之间的关系；治理制度是制度管理实践的组织保障，与制度管理水平有关。职业学校文化是一种高度的管理思想和管理精神，是由学校的传统、历史遗产和核心价值观所塑造的，对职业学校管理的理念、资源和实践产生了重大影响，包括这些系统产生的场景以及里面经常出现的东西。当治理系统发生冲突时，它可以强调它的重要性和功能，以及它与先进的机构治理水平的关系。为了推进职业学校的管理，我们必须注重这两个方面的积极方面，加强治理体制中的治理文化，将治理文化融入治理的具体实践中，实现职业学院现代化的目标，而这离不开职业学校治理文化的不断建设和完善。

一个强大的内部管理体系是推动职业教育学校组织管理的基础。建立有系统的职业学校内部管理制度，必须遵守职业学校管理的一般规则，明确行政权力、教育权力和民主权力的界限，充分考虑职业学校的整体影响；促进科学和行政决策、民主决策和法律决策，加强执行和监督决策；提高学术委员会的组成和职责，逐步加强行政和教育权力下放；参与民主管理和监督，加强召开教职工大会和群众组织，完善教师和学生的工作机制。学校按照法律法规运作，使管理更加容易，围绕着主管教育厅的授权，纠正和改善学校内部不同的管理制度，改进自我评价质量保证体系，为培训团队、专业课程、讲师、学生开发等建立标准目标体系，全面改进业务流程，增加了自我判断水平，为创新创造质量提供保证。

动态部署改进了智能校园平台的构建，开放了不同子系统之间的信息，并为职业学校建立了大型数据中心。

第二节　网络化治理下职业院校文化建设的目标和路径

一、网络化治理下职业院校文化建设的目标

文化指的是在人类社会发展过程中产生的一系列复杂的精神财富，包括思想、信仰、艺术、法律、伦理、仪式以及使人成为社会成员的所有其他技能和习惯。校园文化是教师根据社会的应用和学校的办学目标所创造的一种文化形态，是职业学校必须拥有的文化。职业学校为学生设立高标准，不仅是法律、道德、观念和社会市场需求、信仰、艺术、习俗等，更是从最高点为职业道德的发展、专业素质、专业技能和创新意识不断发展进步提供了有效的帮助。学校文化是一门隐藏的课程，它对道德理想、人格、学生行为等有着明显的影响。其目标是通过充分发挥教育为民的作用，为学校整体办学事业的发展创造一个良好的教育环境。职业学校的文化知识是其建设的基础内容，是其高水平进步的重要基本因素。

以职业学校总体规划为设计和指导，将校园文化建设与职业学校的发展方向、专业建设和特色进行有机结合，充分考虑职业学校的文化和精神传统。它与人性和自然环境有关，在职业环境中，逐步形成独具特色的精神文化、制度文化、道德文化和物质文化，使职业学校成为具有特殊文化地位的领先职业学校，营造了良好的学习环境，创造了深厚的文化底蕴和优良的校园环境。

职业学校文化建设的目的是以发展社会主义先进文化为指导，加强历史教育，发展先进的传统文化和经贸文化，培养不同文化的工匠精神，切实加强职业学校文化建设的连续性和创新性。在文化上，以制度文化和道德文化为基础，以职业院校为主要对象，形成健康的文化氛围，满足师生文化需求，把职业学校作为中国特色社会主义先进文化的重要基地，进行示范和有效传承，以加强手工艺精神。在这种方式下，“教育为了人民的利益”的目标是可以实现的。职业学校要发扬高精尖精神，通过学科整合搞好传统文化、历史文化，针对具体

情况，采取有效措施，形成独具特色的职业学校文化。

职业学校培养的目的是让学生获得以应用为导向的技能。企业在招聘毕业生的时候，不仅仅是以学生持有的证书和技能证书作为选择的标准，而是更重视学生各方面综合能力的发展水平。在职业学校接受培训的大多数学生都是直接受雇的，这样他们就可以工作并从雇主那里获得报酬。当学生离开学校进入社会时，他们应该做的第一件事不是直接进入工作之中，而是在做事之前先展现出自己的良好品行。职业道德教育培养学生的职业道德，提高学生的法制意识，帮助学生树立遵守法律法规的意识，提升个人修养，自觉践行职业道德，引导和培养学生正确的世界观、人生观和价值观，鼓励学生积极进取，奋斗拼搏，引导学生从专业的角度认识社会和自己，培养正确的专业思想，鼓励学生提高专业素质和发展能力。它建议学生从就业和创业的角度建立对职业的准确了解，提高他们对失败的适应能力，并在求职和职业选择中适应职业变化。

职业学校校园文化建设离不开一定原则的有效指导和规范。作为社会主义教育的重要组成部分，职业学校校园文化建设必须坚定不移地走社会主义道路，必须以文化保护的对象为主体，服从社会主义、集体主义和爱国主义的教育引导，学校文化不能以不符合社会主义核心价值观的文化形式建设。必须坚持健康的文化建设方式，充分挖掘职业学校校园文化建设的积极面。

要坚持与时俱进的原则，建设学校文化，认识规律，了解和准确掌握时代的发展方向，积极设定学校文化各要素的各项目标、需要。充分反映时代特点，根据社会经济发展改革和社会发展的需要，努力适应学校文化，根据经济发展的需要，在发展中适时进步。

在职业学校文化建设过程中，要重视职业学校师生的主体地位。职业学校的人员组成包括教师和学生，师生是建设校园文化不可缺少的成员，也是享受校园文化建设成果的主体。良好的学校文化使职业学校的所有成员受益，包括学生、教师和其他人。职业学校文化建设是学校生活的一个重要方面，需要坚持全面发展的原则，丰富学生和教职员工在各种文化活动中的科学文化知识，提高学生和教职员工的身心健康，提升学生和教职员工的审美趣味，促进个人发展，提高每个学生的思维、行为标准、学习行为等整体素质，积极推广良好的生活方式等。

在建设职业学校文化的过程中，应遵循专门知识政策。职业政策意味着职业学校反映职业教育的性质，尤其是侧重于文化和职业培训。学校文化建设应与职业教育紧密相关，建立物质文化、组织文化和精神文化，必须包括广泛的技能、专业技能、职业理想、职业标准和人文素质标准。提高学生的素质，特别是提高技能和标准，使他们迅速适应专业活动，创造条件并根据他们的需求有机地发展学校文化。

职业学校校园文化建设必须坚持创新原则。创新理论意味着要积极推动适应新时代的一切内容和文化形式发展进步。职业学校校园文化建设要不断更新，从物质到拓展，从一般形式到内涵内容，从形式和管理方式发展职业教育，避免一般大中专院校的校园文化建设思维定式产生不适宜职业学校校园文化建设的影响。要坚持职业学校校园文化建设规范的原则。建设职业学校校园文化是复杂的系统工程。校园文化建设要把文化活动、组织、团体、文化设施、文化环境、校园精神等要素的融合充分结合起来，对校园文化的建设起到必要的促进作用。

二、网络化治理下职业院校文化建设的路径

第一，大力建设工匠精神、质量至上精神等职业教育必不可少的精神文化。

在建设相关的时代职业教育精神之前，应当建立健全一定的职业院校文化建设保障性制度，以作为整体的保障和指导。

想要建立健全职业学校校园文化的建设机制，需要重视职业学校校园文化的制度，包括历史传统和学校规范。学习如何在一个已经具有较为完善教育制度的国家实施适合职业学校校园文化建设的教育和文化体系，必须在实际实践中传达职业发展精神，完善每一种教学体系。促进工艺研究，举办区域文化课程，创建与职业先驱者有关系的学校课程。完善相关激励政策，将支持性政策货币化，筹集资金建设更好的职业学校校园文化建设体系。

增强有效的领导力、建立组织、明确责任并加强教职工和学生的支持。职业学校要成立文化建设等机构领导班子，加强工作协调，做到分工明确，确保各项建设项目按时完成。我们要调动各方资源，加强合作，畅通资金渠道，多渠道筹集资金，确保职业学校对文化建设的资金投入。明确目标，合理分配任务，加强考核。职业学校要协调合同，完善建设活动要求，制订实施方案，明确工作阶段，加强目标管理，落实和改进任务。加强检查管理，注重过程管理，评估直接影响，比对标准，完善评估需求，评估文化建设的影响。要发挥宣传和媒体阵地作用，开展宣传活动，总结经验，构建现实文化融合，营造正能量，树立正标准。控制舆论，主动引领，努力营造积极向上的文化建设环境，营造

充满活力的文化建设环境，促进文化建设发展。

从精神建设和文化的角度来看，职业学校必须加强措施，完善工匠精神的建设体系。建立相关的教育系统，学习优秀工匠的精神，并努力学习职业技术。通过收集历史上的物品和材料，进一步巩固研究发现，并将工匠精神应用在文化环境当中。职业学校安排了工匠精神文化论坛和工匠精神精品论坛，定期举行宣讲会、研讨会和其他活动，为教师和学生举办相关的讲座，进行积极倡导，巩固、宣传和推广工匠精神。将优秀工匠的精神与理论和政治教育系统地结合起来，培养社会主义的基本价值观，产生与优秀工匠的精神和文化相关的培训材料，并增强优秀工匠的热情。职业学校需要在建设数字知识和创业精神方面更进一步，利用在线和离线资源向学生深入灌输技能，并专注于提升自己的职业行为和职业能力。

在教师和学生中建立一个质量意识体系。职业学校质量文化建设的关键是用学校自身特长，制定和塑造精神素质水平的基本文化理念，引领和建设全体师生的质量意识共同体。一个好的质量意识体系，可以有效管理师生行为质量，促进质量文化的培育和延续。师生自觉的态度和最终目的，是把质量要求内化，追求质量和创新驱动，打造具有学校特色的现代质量文化体系，促进学生发展和教师专业发展，不断提高学校工作人员的教育质量。精益求精，营造强大的文化品质环境。学校充分利用新媒体、新技术，为标准文化教育创造新阵地，打造内容丰富、题材丰富、宣传教育、规范文化教育的长期发展。学校要从搭建宣传平台、构建宣传矩阵、建设宣传资源库入手，对质量文化的宣传资源和内容进行补充、提炼，为师生提供高水准的质量文化发展体系。

创建不同类型的规则。我们应该充分尊重学生，坚持以人为本、民主、科学、公平、和谐的原则，体现学校理念，激发学校精神。同时，它还可以促进学生个性的发展。创造职业学校文化的教学部门认真学习，澄清事实，促进民主和广泛辩论，激发学生的积极参与，让他人组织起来，为学生的自主管理奠定坚实的基础。使用规章制度的教育必须与学生和谐相处，以促进学生的道德发展，并尽一切努力增强学生对职业学校文化的认同感。在执行过程中，必须加强适当的监测机制，以确保其有效性。此外，我们必须进行适当的教学，采取动态方法，要求一切都立足于实际，从实际中寻求真理。

第二，加强职业院校与企业合作的文化建设，建立健全校企合作的新型体制机制，重视企业文化在职业院校文化建设之中的作用。

在学校，学生需要学习技能和能力，以增强对于将要从事的岗位的了解，发展自己的个性和养成良好的习惯。文化组织和文化对于人格的成功至关重要，因为良好的实践需要实践原则来促进特定的文化结构，该结构在教育人们方面发挥积极作用。

职业学校是基础科学教育与劳动力市场机制之间的纽带，起到沟通学生与企业的作用。职业教育的目的是培养技术人员和工人，特别是在一线工作的人员。作为真正的工人，目标是培养实用技术和实践技能。为搭建这座桥梁并作为学校组成与合作的典范有效发挥作用，重要的是将职业学校文化建设与企业文化进行有效结合，传播学校的新职业文化。职业教育作为义务教育之后的教育，不仅教给学生德、智、体等方面的知识，而且还教给学生专业的实践技能，目的是帮助学生未来融入社会，成为优秀的企业成员。职业学校要营造良好的教育环境，既要注重教学质量，又要充分肯定学术领域文化的成就。为此，职业学校必须在学校教育过程中融入企业文化，做好校园文化建设，为大部分职业实践、学生教师寻找文化环境，将教育付诸实践，要做到学生在任何场合的新实践都有助于彰显企业文化。充足的企业文化思想基础让学生了解企业的战略目标、经营理念、核心价值观和原则，增加学生在思想上对于企业的认同感。

职业学校的教育目标应适应企业的需要。学校教育的目标是根据企业实体的需求量身定制的，职业学校不是市场细分的而是企业学生培训的一部分。学生在毕业之后作为企业职工的业务发展以学校提供的专业技能为指导。因此，职业学校需要加强与企业的合作，更好地培养市场需求的技能人才。企业的发展是有效带动职业学校人才培养发展的因素。职业学校培养专业人才和专业技能，为企业发展奠定坚实基础。反之，企业业务发展也应有利于学校，为学校提供适当的指导和支持，为学校做好引导，让学校更好地了解市场，让学生更好地适应市场，做到真正成功地支持学校的工作，相互发展、相互提升。

职业教育营商环境是指根据生产过程和经营管理实践构建的校园内高效的学习环境。将业务元素融入以培训为基础的环境中，完全按照行业标准的工作流程、技术标准和服务特点设计培训环境，重视培训，注重生态文化的加入，使该业务成为业务流程培训课程。从实习的组织和管理，到实习材料的组织和评估，再到实习结果的衡量和评估，一切都在企业道路上运转，让学生在职业训练环境中感受到真相，体验生产和服务全过程。这种教育模式的基础就是产业模式和管理模式。

创建一个基于学校工作联盟的有凝聚力的联合协作共同体，结合企业和企业文化的元素，促进工作和企业教育、学生心理、职业道德、工作场所规则等协调发展。职业学校需要以现代专业人才为基础，开展标准化培训课程和职业发展课程，包括行业标准法规和基本专业技能，以适应多种行业特点，以提供专业服务。根据工作场所特点开发职业技能培训课程。围绕职业培训目标，职业学校与企业合作，根据现场特点和标准，分析具体任务和工作条件，打造职业培训课程工作，显示出专业的知识和专业的素质。

第三，重视科技创新。为职业学校学生创建新的实验基地。以科技园为科技创新实验的重要载体，创建新技术学习俱乐部或专业学生创新俱乐部，在专业技能教学的全过程中激发学生俱乐部的文化建设，开展有效的项目活动，改变学生原有的观点，创造学生的新技能，培养他们的创新思维。开展各种以技术创新为主题的活动，如技术创新、会议和交流。一方面，增加了知识，开阔了视野，职业学校的学生通过创新活动和讲座学习了更多的道德知识和行为。另一方面，职业学校文化建设创新的目标是普及科学，使学生学习到真正的知识，培养专业学生的创新精神和实践技能，营造良好的技术创新氛围，逐步提高职业学校的文化建设质量。通过专业技能竞赛促进学习，将专业技能竞赛的内容整合到专业技能培训中，邀请教师参与整个竞赛，结合技能竞赛的内容分析业务应用，定期组织专业技术沙龙或研讨会，整合技能培训。整合专业活动，规范职业教育，培养学生的专业技能，提高语言沟通技能，获得工作经验。

第三节　网络化治理下职业院校文化创新与学生自主发展

组织文化是文化与组织管理在管理等部门的发展中随着时间的推移而结合的产物，属于亚文化。每个职业学校都有自己的个性，从机构中心到课堂，从组织程序到礼仪活动，再到师生的一言一行，每一所职业学校都给了我们一个自然的视角。事实上，它通常被称为职业学校文化的象征。职业学校文化充满了学校文化的各个方面，尤其是我们所寻求的强大而重要的影响。在一定程度上，职业学校的文化潜移默化地对学生的生活方式产生影响。职业学校文化是学校和教职员工以独特的历史方式逐渐培育和发展并实现目标的所有关于概念和文化的知识。学校的制度具有长期稳定的特征，当学校教育与学校政策相结合时，就形成了一个文化组织。

随着市场经济的发展，机构对职业学校学生的要求越来越高。不同的企业对专业标准有不同的要求。职业道德和商业意识等专业素质不能仅仅通过课堂学习来实现。在职业学校营造相应的实践环境中，通过学校文化引导和规范学生的思想和行为，结合组织文化的某些概念，不仅会让学生能够熟练应对进入企业之后的一些情况，而且会促进他们的职业生涯发展。一方面，学生能了解企业的运作情况，逐步认识组织文化；另一方面培养勤奋精神和严谨的组织纪律，培养敬业精神和责任感，并在采用企业管理时与组织文化融为一体。高职学院的目标是培养技术技能专家，但这并不意味着高等职业教育必须是一种“技术技能”教育。在长期实践中，学校支持和公共教育中正在消除这些误解，贯彻技术与德育相结合，先做人后做事的教育理念。学校充分适应学生需求和双元发展，充分利用“互联网＋”技术优势，积极推广线上线下结合的协同学习模式。在提供线下课程的同时，课程开发团队还积极将其转化为 MOOC、微课程等数字资源，并利用图像、文字、声音等形式进行教学信息传递等，为学生的学习提供完美的体验。

职业学校营造校园文化对学生行为质量的优化具有积极影响，对提高学生综合素质负有教学职责。在职业学校发展全面的校园文化可以提高学生的素质。职业学校的教学重点是学生实践能力，侧重于培养适用于生产一线的优秀人才。此外，职业学校校园文化的实施也对学生的专业发展产生了积极的影响。职业教育是针对未来学生的就业教育，这对直接教学中学生的专业发展产生了积极的影响。教师应注重教授学生专业技能，营造学习环境。校园文化对学生的技术水平发展具有正向影响。

职业学校校园文化是职业学校独有的文化，是职业学校的全体师生在漫长的学习过程中创造、认同和遵循的。职业学校的校园文化将共同的价值观作为行为规范的发展核心，这本质上是一种行为准则、学校管理规章制度以及其他学校文化的结合，并且还包含了作为校园文化存在的基础物质设施。

职业学校校园文化创新是一个动态建设和可持续发展的过程，是学校提高自身素质、促进文化传承的重要途径。随着教育改革的深入，校园文化改革面临着更多的挑战：传统文化不能在表面上应用，新文化不能完全复制，地域文化不能忽视。因此，有必要关注学校的发展，按照一定的规范理念，采用逻辑化、变革化的方法，使学校能够适应时代的需要，发挥自身优势，避免自身劣势的负面影响，支持职业学校校园文化的改革与创新。

职业学校文化是学校竞争的核心。最重要的是，职业学校之间的竞争是资源和学生素质的竞争，但本质上是一种文化竞争。企业之间的技术竞争最终是学校培养人才的竞争。职业学校作为在制造业和商业企业培训实用和技术工人的重要基础，应充分发挥其潜力，努力提高教育质量，组织文化是最有效的方式。职业学校与主流学校最大的区别在于它们的专业性。因此，职业学校的物质文化作为一种在学校中可以看到和感受到的文化形式，应该强调职业素质和职业特征。同时，作为国家教育体系的重要组成部分，学生思想素质和道德水平的培养直接影响到国家和社会的知识水平。

学校文化是学校坚持走内涵式发展道路的重要引领者之一，象征着校内外的形象展示和学校力量的增强，是学校软实力的主要组成部分，充分体现了学校的协调发展理念。职业学校文化发展是加强学校和教育机构文化建设、在文化中感染人、教育青少年提高道德修养的有效手段。学校教育是人的职责，在学校管理中，一些无法监测和衡量的因素，经常会出现一些非常规的事件，这表明学校校长不能仅仅使用规定的一般规则来严格衡量和评估一切，必须坚持实事求是的原则，具体问题具体分析。按照现行严格的规章制度，只有无形的软文化约束，才能依靠机制激发师生共同的价值观、道德精神和原则，实现学校教育的目标。文化是社会资产的一种形式。只有通过长期管理活动中的共同价值观，通过个人与学校发展的统一，才能使资金和人力资本在组织内部得到有效的整合，从而使相关因素提供高绩效并很好地解决学校发展问题。学校文化建设的高低不仅体现了学校中心建设和运营的重要性，也体现了学校的文化底蕴，凸显了校风的重要性，明确了职业学校的必要性，提高了他们的竞争力和成熟度。

职业学校要加强办学精神、教学作风和师资精神，营造良好的教育环境，保证教育培训质量。职业学校必须致力于道德教育的主要目标，鼓励职业学校做好最高文化教育水平的设计。我们目前正在创建强调学校目标，学校精神，教学和学习风格和区域文化的文化体系。其特点包括优先考虑职业学校管理特色和独特的学校传统，进一步加强组织标准，监控和限制，加强对学生学习习惯的教育，帮助学生塑造良好的本性。建立健全各种规章制度，不断提高职业学校的管理水平，为学生提供良好的学习和发展环境。

校园文化在学校社会主义精神文化的建设中扮演着重要组成部分和重要工具的角色。职业学校的目的不仅仅是培养合格的社会主义建设者和接班人，也是要建设传播社会主义精神文化和社会主义文化的重要场所。以质量为模式建设高质量的职业学校校园文化，就是要管理学校，传承、弘扬中华民族的光荣文化和革命传统，吸收世界文化成果，弘扬素质技能，就是要发挥精神文化和社会文化结构的巨大作用。学校的校园文化结构应走在社会的前列，充分发挥光辉模范的作用。素质教育就是全面落实党的教育制度，提高人的质量，注重提高学生的创造精神和实践能力，以道德修养、文化、纪律建设和传承社会主义为目标，在道德、智力、身体、审美、学习等方面发挥作用。加强校园自然环境的设计和课堂化，建设有利于师生身心健康发展的校园文化，是学校教育的基础设施，要全面落实教育体系、深入实施素质教育的现实需要。从某种程度上说，校园文化直接反映和促进了甚至主导了社会文化的创造和发展，对于提高学生的综合素质非常有价值。

2013年，教育部、文化部、国家民委联合下发了《关于推进职业院校民族文化传承与创新工作的意见》。《意见》指出，作为民族文化传承创新的重要载体，职业院校需要促进职业院校民族文化的传承与现代化，为教育思想观念的转变提供支持，提高职业院校学生的文化品位、素养和技术技能，为高水平专业培训队伍的组建和发展提供助力，促进人才培养模式与目前的社会发展需要相适应，加快发展优质专业培训，提升专业培训质量。加强专业培训人才的培养，适应专业发展的要求，提高相关技术技能水平，提升民族文化和相关专业文化。主要的方式还包括促进职业学院民族文化的传承和创新，发展职业学校学生的民族文化知识，进一步发展学校为职业教育发展服务的能力和水平，让社会主义文化教育惠及更多的民族学生。在专业技能、职业道德和提高工作效率方面做文章，推进职业教育专业体系改革，完善职业规划，促进社会职业教育发展。鼓励参与专业培训和提高吸收文化底蕴能力；高科技人才和专业知识为当地和文化产业的发展提供人才支持。

民族文化的传承与创新是职业学校的一项重要任务。优秀的民族文化作为中国各族人民共同的精神财富，需要得到有效的保护和传承。职业教育在国民教育之中起到重要的作用，在民族文化传承与创新过程中发挥着重要作用，是民族文化传承与创新不可或缺的重要组成部分之一。中国的职业学校和大学历来对国家文化遗产的稳定传承负责。

许多职业学校，特别是国家级职业学校，不断更新人才培养方法，重视培养技术人才的审美等各方面能力，促进其在工作中开展文化创新。它不仅在职业教育中发挥了重要作用，而且发展和培育了中华文化。同时这种新型的人才培养模式是全面发展素质教育的重要体现，有利于国内产业的进步。在民族文化的传承与创新中，职业教育的优势十分明显，并且发挥着重要的作用，职业教育可以用来补充几乎所有民族文化和公共功能的继承和创新。

文化创新和人才培养离不开相关关系的有效处理。第一，必须有效处理继承和创新的关系，在已有的良好文化基础上推陈出新，积极继承其中的优良部分，并且排除不适宜现代文化发展的糟粕，坚持古为今用的原则。第二，明确中国传统文化与外来的西方文化之间的关系。文化多样性是目前文化的重要命题之一，必须教会学生尊重文化多样性。文化多样性是人类社会的根本特征，是人类文明发展的重要动力。在尊重文化多样性时，必须承认民族文化，但也要尊重其他国家文化，相互学习，共同发展，尊重世界文化多样性，共同繁荣和发展。尊重人类文化多样性，是我们文化发展的根本必要条件。如今，我们迫切需要尊重文化多样性，以提高对全球文明福祉的认识，必须强调这一点：所有国家文化都是平等的。学习和吸收外来文化是一件有利于文化多样性发展的好事，在一定程度上补充了原有的文化由于历史局限或者文化背景限制而造成的文化空白。但是在吸收外来文化的同时，必须坚持保护本民族文化的根本传统，坚持民族文化不变质，防止外来文化对本民族文化的不合理改变，必须秉持洋为中用的原则。第三，坚持雅俗共赏的原则。传统文化如果不“接地气”，而是高居庙堂，最后的结果能且只能是被文化潮流淘汰。好的文化作品必须包括思考、深度和技能，而不仅仅是情绪宣泄。这样的思考和深度表明了它的内涵。一个易于理解的外部表现会为一个深刻的内涵提供坚实的基础。传播力强的作品具有“雅俗共赏”的特点，这是一种更贴近普通人、传播更广的艺术形式。在雅俗共赏的文化之中，应当坚持让高雅的文化作为指导和引领，避免出现“三俗”。第四，在教学方法方面，有必要研究如何理解现代课堂教学与传统学徒之间的关系，以及如何将现代教学方法与现代课堂教学正确地融入传统教学方法，如何将传统的大师领导方式正确地融入教学方法以最大限度地培养实习生。

在生态化思维模式的大环境下，职业学校的文化发展和环境思想都有利于职业学校的文化发展。职业学校的文化应该与高尚道德的价值相称，反映国家文化的核心。环境文化、职业学校文化的发展、团结和批判性精神是高价值做法不可避免的选择。坚持不懈的发展道路是提高工作环境文化水平的理论和有效基础。支持人们在生态化思维影响的可持续性和福祉方面适应和利用生物多样性的观点，发展一个健康的环境，使教育工作者在促进职业学校文化生态系统建设方面发挥更重要的作用。通过应用进化框架的概念，提高学校技术文化、环境教育和实践方面的知识，并在早期成功的基础上，以更好的方式在技术学校推广环境教育组织，使新型的文化建设充分发挥作用。

第一层次的活动是德育活动。职业学校针对讲文明懂礼貌的宣传问题，将学生礼貌修养与良好的举止和道德相结合，全面完善学生的思想道德标准，提升其文明程度。重视并结合教育与公共教育的话题，将精神教育、传统价值观教育、行为规范等学校的教育教学活动紧密结合，通过举办教育专题活动，课堂可以成为展示良好礼仪和学生文明的窗口，成为领导者。建设现代文明校园，践行伦理道德，增强文明程度，其目的是让学生明白他们需要关注的文明伦理，以及什么是真正正派的人。

第二层次的活动是爱国卫生运动。爱国卫生运动的目标是注重卫生，预防、减少甚至消除疾病和改善健康。爱国卫生运动在改善我国城市和农村的健康状况、提高每个人的生活质量以及消灭寄生虫和流行病方面发挥着不可替代的作用。通过爱国卫生运动的专题会议，我们可以向学生提出一项倡议，以了解爱国健康的重要价值。改善校园和班级的卫生治理，做好卫生工作，为教师和学生提供一个清洁的学习和工作环境，以提高工作的效率。促进爱国主义健康和社会实践是履行道德和发展人的重要作用以及培养学生的实践技能和社会责任感的重要途径之一。在学生担任志愿者的过程中，他们思考和实践社会问题，提高了整体的质量和参与社会生活的能力，改善了人们接受教育的方式，并为他们未来所需的高质量职业技术人才的发展奠定了坚实的基础。

利用广告牌和活动培养学生的基本医学知识，提高传染病防控能力。以爱国卫生运动的标准为指导，预防疾病，保证职业学校成员的身心健康。爱国卫生运动一直是学校德育的重要组成部分，每个人都有责任预防和控制疫情，以期人人过上健康的生活。正常的爱国卫生和生理流行病防治宣传运动是加强教师和教育工作者社会主义基本价值观的重要内容。通过爱国卫生活动，不仅增强了全体师生的卫生观念，而且改善了学校环境的健康。

第三层次的活动是爱国主义教育活动。爱国主义是我国各族人民价值观的精神支柱，是推动我国历史前进的力量，是思想基础和强大动力。爱国主义教育是我国一切理论教育的主要任务，也是学校理论教育的主体和永恒的课题。组织爱国主义教育专题会议，使学生充满积极、向上的爱国主义态度，为祖国的成就和文化感到自豪，充分认识到提高学生参与热情的积极价值。开展爱国阅读活动。作为爱国主义教育的红线，每个班级都使用学校图书馆，教师们用它来开班会或课后阅读。学生在阅读后写下自己的感受，并对阅读活动中的先进者进行排名。开展爱国主义教育和实践活动，利用重要的庆祝活动和不同民族的传统节日对学生进行爱国主义教育，节日庆祝活动强调爱国主义内容，激发爱国主义精神。比如，在一些传统节日和国家节日帮助学生在网上举办活动，在网上学习烈士的优秀品质，在网上纪念烈士。

第四节　网络化治理下职业院校内部治理能力效能评价

一、内部治理理论知识概述

内部治理机制的理论来源是企业的治理。对于职业院校而言，受到校企合作的广泛影响，职业学校的内部治理理论具有一定程度上的企业特征，是来自公司治理的理论与职业学校的实际治理相结合的产物。建立有效的内部治理机制应包括以下三个要素：职责分工明确的组织；明确灵活可切换的性能测量系统；有效的激励机制。

引入内部治理机制面临的第一个问题是难以监测或评估治理的有效性。这是因为治理通常是普遍的，很难评估每个人的利益。新兴经济体缺乏运营和财务信息，导致监管困难。股东或董事会认为，如果他们不能量化公司的绩效，就很难估计治理层的绩效。

引入内部治理机制面临的第二个问题是缺乏内部和外部标准。在发展中，治理绩效通常与公司的历史绩效相比较。通过将当前业绩与过去业绩进行比较，股东可以更好地估计治理人员是否懒惰，是否逃避治理职责。如果治理者知道股东可以监督他们的行为，他们就会少追求个人利益。解雇的威胁将确保治理层的行为符合股东的利益。

公司的内部控制系统和内部治理系统可以称为一系列的系统协议，为了运行，一个好的系统协议必须连接到一个组织本身之上。没有商业作为形成治理的组织，也没有企业的内部控制和治理。无论内部控制有多健全、内部治理结构有多完善，都无法达到公司的目标。此外，加强内部控制和改善内部治理应以与企业通用的业务统计数据为基础。信息是每个测试的先决条件，统计和内部治理是相辅相成的，有效的内部控制可以确保统计数据的真实性、完整性和可靠性。信息是内部治理的基础。同时，统计数据的真实性、完整性和可靠性是内部控制的基本保证。一个良好的信息和通信系统可以帮助负有治理义务者及时访问组织的状态。信息系统的质量直接影响公司内部控制的有效性，也影响公司内部治理的质量结果。

所谓治理，是以权力行使者的行为相互制约为前提和重要基础的一种规则。对于企业而言，内部治理是一种相互限制权力的关系，包括董事会和其他监管机构以及根据特定制度规定设立的经理。内部诉讼通常涉及法律问题，其目的是防止权力过度集中导致的决策失误和腐败，并解决企业内部的代表关系。治理是基于预定义的目标和公司行为的规划、标准化的治理。这是对治理者和普通员工的考验。简而言之，它是关于治理员工、防止他们的工作热情削弱、防止对工作的轻微干扰以及避免财务信息和其他信息变化的问题。良好的治理有利于减少员工的消极怠工，提升员工的工作积极性，提高其工作水平和能力，并且减少治理所需的时间和其他要素，增加治理的效能。内部的治理和控制需要局限在企业内部，不能无序扩张，更不能干涉除企业内部事务之外的其他事务。

二、职业学校内部治理

职业学校担负着培养技术人才、提升技术水平、促进“中国制造”发展进步、促进文化传承创新的重要功能，为中国实现中华民族伟大复兴梦提供强有力的技术支持，是我们崇高使命的一部分。职业学校的管理直接关系到培养什么样的技术人才，如何培养技术人才，为谁培养技术人才的根本问题。它不仅是国家监管体系的重要组成部分，对现代化和监管能力也有直接而重大的影响。

监督机构努力在监管机构之间分配权力、协调和补偿，以实现目标，并通过直接政策和程序共同管理行政活动。权力是职业学校管理的主要问题，职业学校管理是联合管理者，许多职业学校管理是联合的。校长、教师、学生、家长甚至民政当局都是职业学校管理的组成部分之一。全体人员齐心协力，控制、发展、协调学校的工作。学校管理体制是学校权力在不同人之间的分配和管理，是所有人权利、义务和责任的相互作用。

要想建立健全职业学校的监管体系，就需要将与建设相关的理论支持和制度体系提到同等地位。

改善学校的治理结构具有相当程度的必要性。首先，以前的学校管理制度存在许多弊端。例如，学校决策权、行政权、监督权和基于某些个人或组织的监督权是主要的权力，学生和家长往往被排除在学校能源系统之外，此外，他们的声音和兴趣被忽视，他们的利益受到削弱，计划和创造力被推迟，这阻碍了学校的健康发展。其次，法律要求学校建立具有法律控制、自我调节、民主治理和公众参与的先进学校系统。最后，当前学校面临着创新、变革的复杂局面，想要打破阻力，让参与变革的其他人产生兴趣，就需要将教师、学生和家长等有关人员纳入多个小的治理部分，使所有成员都能成为“参与者”。

就职业培训体系的外部性而言，中等职业教育机构的外部环境影响和内部因素有限，内部和外部的影响和制约因素决定了职业学校的治理并不简单。职业教育和培训管理的复杂性主要体现在两个层面：一是受外部习惯的影响，二是受内部决策的影响。商业组织受到外部竞争环境和领导决策的影响。相反，由于受外部和内部影响，职业学校处于中间状态，依赖外部资源流动，受到内部因素的强烈影响，尤其是个人领导。例如，决策需要在什么层面上改进，现在的主要项目是什么，或者新校区的建设计划，所以一旦做出决策，就需要进行。一般松散组织包括组织结构不明确、组织管理松散，但在外部环境中有着强烈且不断变化的利益，而他们的变化或自身对组织的影响很小。因此，职业学校的管理机制具有相当明显的特殊性。

职业教育的管理取决于外部环境和内部决策过程的指导，普遍存在一系列问题，很难进行有效的处理。职业学校可以在管理层和劳动力市场上存在和发展。如果职业学校能够做到内部的信息控制，而不受外界的影响，自行管理，职业学校也可以存在和发展。因此，很难找到能够灵活管理职业学校的最佳模式。管理学校需要一支管理团队，具备专门高层管理理念，并具有很高的管理技能。职业学校需要一支管理团队，包括学校高层领导和中层管理人员，他们不仅拥有无可挑剔的专业经验和专业技能，而且在系统或可控的基础上学习现代管理的基本原则或接受过管理能力的系统培训。职业学校的管理干部不能是凭感觉和经验进行管理，缺乏现代管理理念和意识的人。

职业学校管理是职业学校为实现其目标和任务所采用的管理结构、管理规则和管理方法的集合，包括主体与主体之间的责任分配、利益相关者行为的控制和标准、程序和决策过程和规则的制定以及在实践中研究不能有效解决的问题，实现管理活动的效率和效果这两个主要目标。有效的管理不应仅包括有效的管理或有效的决策，应基于管理层实现高质量、高效的决策和管理的能力；还包括职业学校教育机构的合法性和特殊性，即职业教育法律规定的管理行为、基础职业教育和公民预测。管理效率是对管理的期望与实际做的和结果之间的关系。如果职业学校的成员相信决策不仅仅是行政决策，而是基于沟通和合作以及管理过程和结果反映了这条道路，那么管理就是有效的。职业学校管理要建立一个有效的管理体系，注重提高管理能力，使职业学校一定的管理成为有效的有形管理。管理能力是管理结构、职业教育体系与管理方式和管理效率之间的桥梁。

立德树人是职业学校应当遵循的重要教育原则之一。学校开始为一个新时代审查教育改革，建立健全了管理委员会以协调改革进程，督导鼓励教育改革，并整合了综合评估系统，即学校系统的内部管理。正如强调的那样，改革机制改革了新的个人制度，改革任务的关键：已经建立了职业学校、内部管理委员会、监测改善工作领域的制度、建立了高质量的制度。这就要求加强学校的机制，建立人力资源培训和高质量的发展机制。

按教育部要求，职业学校，以高学历技术人才的全方面培养为目的，着力完善规范的制度和道德规范，多方面制订自身项目计划和组织管理道德规范。按照教育部门规定的职业学校办学标准以及学生自身的发展规划为依据，建立健全相应的目标和标准设定线，坚持以市场需求为需求，以学生导向为导向，多方面共同建设，有问题及时改正。

学术和管理能力从权力的角度和权力的本质上反映了职业学校管理权力的质量，但没有从组织的角度反映职业学校管理的内部基础。职业学校的管理是复杂、多方面和多样化的，这取决于职业学校本身组织的特点。职业教育机构与其他机构有很大的不同，这反映在学术和行政职能以及不同的责任、权利和权力之间的差异。官僚阶层制和民主制度是职业学校内部管理的两个非常重要的问题，它们可以被视为一个轴心。

目前，通过消除行政行为的趋势来提高职业学校的行政能力是极其重要的。职业学校管理的主要问题是，官僚主义问题更为严重，主要体现在下列领域：一方面，在寻求内部和外部资源方面和资源的分配和使用方面是积极的；而另一方面，这种资源利用的有效性不高，几乎什么也没有做，没有取得重大进展。这说明职业教育的管理责任是不够的。职业教育的行政机构和职业学校的其他设置是重叠的，当事情出错时，他们会互相指责，没有人对此负责，内部冲突也会爆发。通过一套复杂而有规律的规则，报告一切的批准和一切的程序。中国职业学校的相关制度扮演着“软制裁”的角色，这些制度显然是为软制裁而设计的，无法达到必要的水平，还有自由放任的问题，很多东西都是未知的，修改规则是无用的。设计系统的关键是让管理者更容易实现组织目标，而如今一些规章制度已成为教师、学生和雇员的阻碍。治理应与效率挂钩，通过建立治理机制，可以为职业学校的发展提供有保障的制度和治理。

应改进各理事机构的运转实践和程序规则。组建各种管理机构只是第一步，以便它们运作良好，履行其职能是根本。为此，必须建立适当的支助系统。理事机构有哪些权利、义务和责任，组织由多少人组成，候选人如何培训，如何收集主题，如何召开会议以及如何指出问题，参加人数、表决程序以及其他表决相关的方式也需要有明确的定义，制度必须本着明确和规范的原则进行。没有这些程序的支持，理事机构的职能就不可能实现。

学校章程对于识别和确保各利益方的管理权是必要的。学校章程是学校的“宪法”，是学校自治的基础。学校的管理结构非常重要，它直接决定了学校如何实现自治，应该是其中的核心内容之一。学校章程相关机构批准和保障的学校治理结构具有合法性和正当性，必须得到充分贯彻落实，违规需要承担相应责任。

职业学校文化建设以“服务学生、促进学生就业、坚持走产学研相结合的发展道路”为指导思想，要求职业学校重视文化，坚持文化定位和融合。发展职业学校的精神要体现职业学校教育的特色，要以“追求技术卓越、服务高水平”为核心，以实践、服务、技术创新为要素，树立自身独特的精神文化内涵。

大多数教师作为职业学校的主要群体，也将继续以实践文化、服务文化和其他社会主义教育教学的有益文化来塑造其职业的精神、道德、品格和一般面貌以及他们独特的生活。职业教育需要对于其他教育文化进行合理的借鉴，正如大学文化不仅是高校管理的一种观念和方法，更需要实现全体教师作为高校管理最高领域的共同文化观。职业学校的文化，特别是职业精神文化，也要在学校管理体制中定义职业学校，并通过观念、制度、规则等各个方面渗透到学校的建设和发展中。

其中，教师不仅是文化创造和发展的主要参与者，也是教育、管理和服务宗旨的直接和最终体现，在教育、管理和服务等方面对学校产生深厚鲜明的影响。职业学校文化建设与教育教学、管理和服务创新相结合，与文化理念和文化共识相融合，构成了教师最为熟知的综合力量和中心力量，教师在实践中证明、优化和完善职业学校已有的管理理念、规章制度等，并且提供行之有效的意见和建议，从而促进职业院校内部治理进程有效发展。

职业学校文化不仅解释了职业学校培训的文化规范，而且反映了职业学校教育与社会文化系统的有机关系。服务和引导职业学校文化建设在职业学校和学校内部治理中，必须依靠中国特色社会主义文化，依靠文化自尊，重视发展文化自信，必须行动紧跟中华优秀传统文化步伐，稳步推进“发展精神”，把新时代社会主义根本价值观摆在前列，使其成为持续发展壮大的精彩命题，坚持在融合和引导现有主流文化的现代实践中发展自身文化，为自身发展打下丰富的基础，将职业学校的治理发展充分融入社会治理发展的大环境之中。在此基础上，以专业文化为基础，融入现代教育管理创新，与品牌发展机制相结合，与文化测评体系建设相衔接，有效延续和发扬有利于职业教育发展繁荣的精神。新时代教育作用显著，文化底蕴突出，需要重视培养教师的社会责任感和使命感，不断提高教育教学、治理和专业学校服务，提升职业教育的技能和水平。学校文化，特别是职业学校的精神文化，也嵌入学校和职业学校的管理制度中，通过理念、制度、规范等方面进入学校的建设和发展中。

第八章 职业教育网络化治理组织发展的现实路径

稻盛和夫先生曾经说过："圣贤之道，听了念了却不做，毫无用处。"学习和研究职业教育网络化治理的概念、理论和对策，目的是将相关的理论知识应用到一般的实践之中。职业教育网络化治理的根本目的是大力发展我国的职业教育，使我国的职业教育更好地为社会主义现代化建设服务。本章主要论述了职业教育组织融合与创新的必要性与可行性，明确了相关方式方法。以网络化治理思维创新职业教育组织合作形式，以及职业教育网络化治理融合的现实路径则是有效的路径指导。

第一节 职业教育组织融合与创新的必要性与可行性

党中央、国务院历来高度重视职业教育。党的十八大以来，习近平总书记从党和国家共同发展的高度出发，把职业教育放在首位，提供包括教育改革和发展在内的一系列重要改革，使职业教育基本顺应现代发展方向。国务院正积极发布相关配套文件，为促进职业教育发展提供政策支持和指导。教育部制订了全国职业教育发展总体规划，切实加强创新创造，在此基础上取得了许多显著成绩。将这一成功经验进行复制和推广，可以丰富相关理论。

产教结合、校企合作是管理职业教育的关键，在培养高素质职工和技术技能专家等方面有不可或缺的作用，这是管理好职业教育的关键。2014 年，国务院《关于加快发展现代职业教育的决定》提出，研究制定促进校企合作办学有关法规和激励政策。2016 年，中央深改组要求尽快印发有关校企合作促进的政策文件。

作为综合性的重要特征和趋势，全面职业融合是连接未来教育和现有职业教育的桥梁。在全面推进素质教育发展的道路上，结合普通教育和职业教育，充分发挥二者的积极因素；了解专业化的研究实践是普职融合的重要因素；积极推行“融合教育教学体系”，建立健全新模式高中建设项目，并为所有有需要的地区和学校提供与发展一般就业融合相关的信息咨询和教育服务。

作为一种教育形式，不仅要建立健全不同层次的职业教育，还要连接各个层次的职业教育。职业教育高考是这种职业教育发展新模式下的重要因素之一，对于贯穿职业教育的不同层次有着重要的作用。同时，为了防止职业培训成为教育体系中的“孤岛”，必须将职业培训融入普通教育，这就需要一个“实习”制度。与一般资格考试系统执行相同任务的职业资格考试系统是公开、公平、定期和自由选择的。有了职业考试制度，就有了师资队伍的发展空间，同时也有了与中等职业教育和更高级别的职业教育、一级职业培训之间的联系，这对于改善不同层次职业教育关系是必不可少的，有利于促进不同层次的职业教育之间的合作。

职普一体化的普遍制度是职业培训和通识教育之间交流和一体化制度。它不仅必须通过教育实现社会包容，而且还有助于促进资源的交流，并在职业教育和通识教育之间提供相互学习的机会，以及为学生的一般发展提供体制保障。这是一种教育发展的趋势，但在建设过程中遇到了巨大的困难。例如，尽管职业学校的学生有机会重新进入一般高中，但如何继续一般学校的学习对职业学校的学生来说仍然是一个巨大的挑战。同样的道理也适用于高中学生进入职业学校时存在的技能差距。

国家建立健全的职业技能培训认证结构系统，提出了职业教育与通识教育之间的平行关系，即职业教育学生的学习和一般通识教育学生的学习具有基本一致的地位，不存在孰高孰低的问题，基本上是公平的，并进一步概述了这两种教育水平的学生在一般的教育领域享有平等的权利。国家建立健全的职业技能培训认证系统为职业教育的地位提升提供了坚实的理论和制度基础。只有当职业教育的学习产品和普通教育的学习产品具有相同的社会优势时，人们才能真正认识到职业教育具有不可替代的重要地位。

当前，职业教育改革已经处于攻坚阶段，对于职业教育发展的深层次问题需要进行深入分析，明确存在的问题，带头规范和建设，以提高教学质量，增加职业教育的附加值，坚持走教育改革的道路，并为职业教育的全面振兴做出贡献。特别是在政府层面，要加快建立具有中国特色的现代职业教育体系，创造更多的职业教育机会；在学校层面，牢固树立“面向市场、发展服务业、促进就业”的宗旨，不断深化校企合作，推进各方面改革，促进学校的办学水平提升；在学生层面，重视培养学生的良好品质，重视道德修养在教育教学中的重要地位，向学生灌输包容的态度，培养学生全面发展，做“跨界”人才，做具有良好道德修养和高超技术水平的职业教育新人才。

职业教育是一种多方面共同形成的教育，设立有产业经营等各有关方面代表的理事会或相应的机构，发挥咨询及监察的作用；促进教师代表大会等机构的有效运行，发挥工会、共青团、学生社团的组织作用，完善依法自主、民主监督的管理结构，积极参与学校管理生活；积极推行院校两级管理，推进简政放权，促进学校的主动性和创造性不断提升；要建立有效的工资制度，平衡各类工作的收入分配水平，重点向优秀干部和重点岗位倾斜。通过不断自我诊断和完善，健全内部质量保证体系，确保高素质员工和合格专业人才的培养质量不断提高。

《职业学校校企合作促进办法》是教育部颁发的针对职业教育校企合作的办法性文件。对于校企合作的定义，《职业学校校企合作促进办法》明确指出“校企合作是指职业学校和企业通过共同育人、合作研究、共建机构、共享资源等方式实施的合作活动”。职业学校和企业是职业学校校企合作的两个主体。

关于双重制度问题，可以从德国的经验中举出一些例子。双学制学习的学生，除了理论知识支持在校实践外，大部分时间都在一家目前拥有最先进技术手段的公司里度过。生产力培训被积极利用，培训成本降低，远程教育成本降低，使培训后的劳动力得以快速进入。

德国的双学制市场一个重要的特点是把德国的各种教育形式分开。在完成小学教育的各个阶段，学生可以从正规教育转向学徒制。完成双学制专业训练的学生，可在实习后接受高等教育。近年来，不少持有中学学位的中学毕业生已通过双学制基础专业培训，致力攻读大学预科及累积专业经验。在德国，大约有 48 万家公司拥有自己的培训设施和人员。根据《职业训练条例》，中小型企业不仅能自行进行全面多元化的职业训练，也可以以企业培训、补充训练或生产训练的形式参加职业训练。在实行双重制度的德国，企业培训起着关键作用，职业学校只起到协调和服务的作用。另一方面，他们的公司培训也分为内部培训和公司间培训。

已有的研究考察了德国职业教育培训的双重体系，指出该体系不仅仅是一种替代培训安排。借鉴二元体系原则下的五个主要特征（学习场所的二元化、法律主义和职业培训的公共责任、自治原则、私人培训承诺和职业原则），并评估超出个别公司范围的培训以及具体的工作要求，将这些特点与一般欧洲国家的训练进行比较。结论认为，德国的培训制度或许可以解决资格问题，但不太可能为欧洲其他国家提供效仿的基础。

德国的职业培训源于一种可以追溯到中世纪的传统。那时的年轻人已经在接受工艺、商业和技术方面的培训。从 18 世纪到 19 世纪，尽管经济增长主要体现在工业领域，但绝大多数德国人仍在初级部门（农业）工作，学徒培训也处于边缘地位，官方规范只针对手工业确立了培训内容。这种情况在 20 世纪初迅速改变，前提是职业培训的二元体系开始出现，但没有形成真正的法律框架。随着 1897 年的法案修订，在 19 世纪基本被打破的职业培训质量体系得以重建，并赋予这一体系一定的排他性。这一时期工艺协会在学徒制方面实行考试垄断，手工艺大师的称号受法律保护。1908 年对《贸易规例》的进一步修订最终重新引入了权限证据，职业培训权再次与中世纪大师头衔联系在一起。与此同时，德国对工匠的保护达到了较高的程度，以至于在将近 40 年的时间里，新工业部门的考试都在工艺协会的控制之下，公司职业学校也建立起来。这些公司职业学校不仅是为了改善工作场所而培训，也是接管公立学校职业教育的一种尝试。随着 1929 年全球经济危机的爆发，由于费用问题，这一方法被放弃，而国立补习学校的任务逐渐扩大。补习学校必须向学生提供教育直至 18 岁，并向失业青年提供服务。事实证明，这些任务对学校的资源和人员造成了巨大的消耗。到 20 世纪 30 年代初，它们是否还能继续存在受到了严重的质疑。但是在 1936 年，商会和工商会终于获得了组织自己的考试委员会和考试的权利。

在第二次世界大战结束时，有两个原则被证明是有价值的，即教育范围扩大到职业教育和培训。德意志联邦共和国的职业培训制度是公共和私营部门合作的结果，是指直接或间接提供职业资格的任何公共和私营机构或活动。职业培训以体制程序和三方谈判为基础，三方谈判包括三个主要行动者：公共当局、雇主组织和工会。在资金方面，学校培训的成本由国家承担，实际培训的成本由提供学徒名额和接收学员的企业承担。德国职业培训的“二元体系”建立在三个主要原则之上：二元性、工艺至上和共识。

职业学校培训和企业培训的交替提供了职业培训体系的基本结构。虽然公司内部培训是国家规范的，但职业学校的教学计划是各州的责任。这种情况需要建立机制来协调各项计划并与合作伙伴进行谈判。事实上，1969 年的《职业培训法案》只规范了公司内部的培训。根据 1972 年达成并于 1979 年巩固的一项协议，联邦政府（负责实习培训）与教育和文化事务部（负责校本教学）之间达成了协议。该协议规定了谈判机制，以促进随后的协议达成。根据该协定，联邦主管部门只有在社会伙伴之间达成协议并咨询了专家（来自工业界、协会、学校系统等）以便起草培训条例后才能通过培训法令。职场培训基于学徒和雇主签订的合同，缔约各方承诺提供或获得有关资格所需的知识和技能。后者在国家一级建立和承认的参照中受到诽谤。大多数双重制的学徒在公立职业学校度过两个工作日，在那里他们学习一般科目（语言、经济、数学等），并接受所选职业的理论基础。一周的其余时间（3 天）都在工作场所度过。然而，越来越多的公司更愿意让学徒在学校中度过整个星期或几个月，然后在工作中度过一段时间，以尽量减少对生产过程的干扰。一般来说，在中小企业接受培训的年轻学徒通过直接参与公司的生产系统来学习他们的手艺。另一方面，在大公司实习的人在该公司的职业培训中心接受培训。但是近年来为中小型企业设立了联合培训中心。

双重制度下的培训不以公司的具体需要为重点，而是旨在提供从事一门手艺或职业所需的技能。根据该法案，职业培训必须注重“广泛的基本职业知识以及从事一项职业活动所需的知识和技术技能”。在社会伙伴（雇主和工会联合会）的参与下，制定培训证明。然后主管的联邦部长根据取得的协商一致意见通过这些参考文件，包括许多培训方面的研究人员和专家。通过研究报告，并通过领导和仲裁谈判进程，双重制度对制定培训参考文件做出贡献。工作场所学徒制是德国职业培训的基本原则，被认为是发展技能的最有利条件的结合。技能包括承担完成任务所涉及的能力、沟通和团队合作的能力、系统思考的能力、学习能力。这些技能与理论知识和职业相关技能相结合。由于培训时间足够长被认为是技能发展的关键，故在双重体制下的培训持续三年。

参考标准，指的是必须教授的技能和知识，是最低标准（培训概况）。它是作为一个分析的和按时间顺序的程序（主培训计划）来实施的。根据我们采访过的大公司经理的说法，他们提供的培训远远超过了这些最低标准，因为这些标准不能为学员提供足够的技能。

考虑到公司之间不同程度的技术变化，避免参考标准过时太快，自 1980 年代以来，参考标准不再包括过程或设备，而是指任务或功能。每个国家负责根据教育部采用的核心课程建立其教学计划。官方建议，培训专业化的创建应满足充分和持久的要求，而不是针对企业，并允许其独立执行尽可能广泛的技能活动。从这个意义上说，培训参考标准是强加给所有公司的最低标准。由于德国的培训制度是以特定公司的需要和特定职业的要求之间的区别为基础的，因此这个问题会成为关于创建或改革现有参考人员的政治辩论的中心。即使双方达成一致，对职业培训内容的讨论也表达了社会各方的利益。因此，工会更倾向于通过最广泛的培训来培养受训者的职业自主权，而雇主则主张更狭窄、直接操作的培训。为此，对一部分行业的审查尽管被批评耗时过长，还是花费了相当长的时间进行完善，在这些审查基础之上，改革速度得以加快。

对双重制学员的评估基于三种类型的认证：在培训结束时成功完成国家期末考试后颁发证书，所有学员无论哪个行业部门都必须参加该考试；公司培训师出具的证书；职业培训学校的评估。这三种外部和内部评估的结合有助于确保能力标准得到维护，而不只是留在进行培训的公司的控制下。这三个证书构成了一个"认证体系"，其组成部分相互独立、相互补充，但不相互协调，每一项评估都有自己的目标，所有这些目标在获取知识和技能方面形成一个整体。在国家标准化考试之后颁发的证书是笔试和口试的结合，有助于确保国家职业培训目标的实现。

三重认证制度对劳动力市场的影响相当复杂。例如，一些雇主认可国家认证，而另一些则要求将职业培训证书作为先决条件。因此，学徒期之后颁发的证书并不是自动授予工人或雇员在劳动力市场上的职位或地位，而是承认他们的资格。评估和认证制度的主要特点是建立在培训、标准化、透明度、有效性及其在经济领域的广泛接受的综合方法的基础上。根据我们采访的专家和学者的观念，这种"认证体系"有很大的优势。高度标准化的培训有助于在劳动力市场上保持高水平的资格，使雇主在招聘员工时拥有足够的信息，标准化的资格是工资谈判的基础。由于证书所提供的优势，受训者保持高度的积极性，该系统有助于支持新的培训规定和内容的实施。三重认证制度虽然有很多优点，但也存在一些不易解决的问题。证书和它们的评估方法之间的平衡经常被争论。负责教育系统的人员更喜欢内部（校本）评估，而不是外部（公司）评估。相反，一些公司希望在技能评估中扮演更重要的角色。但是完全以公司内部培训证书为依据的评估将对学徒和培训产生负面影响，因为它将以最低标准的原则为基础，更高级的和不太具体的任务技能不一定包括在这个评估中。

在德国，职业教育不同于普通的大学教育。普通大学教育重视理论和专业教育体系，而职业教育更有针对性，注重培养学生的实践技能。"二元制"是指企业与一些职业教育学校共同开展的职业技术教育。《职业教育法》明确规定，接受"双向"职业教育的学生不能直接进入大学，必须得到大学的许可。

德国职业教育与培训双元制（职业教育和培训的双重体系）是一种旨在系统地结合公司培训与职业学校教育优势的专门培训体系。德国的双重制度将有力地支持年轻人成功地从学校过渡到工作，并保证熟练劳动力，是德国经济成功的先决条件。此外，它在教育年轻人方面发挥着作用。在双系统中，职业教育和培训的核心目标是帮助学生获得和发展行动能力，以应对当前和未来的职业挑战，并参与定义他们的职业生活。由于社会、经济和工作场所的不断变化，二元制度一直面临调整的压力，以进一步保持其效力和效益。因此，自 1980 年以来，在系统的不同层次，即有关的机构、不同场所的教学大纲和教与学的过程，进行了多次调整，对二元体制进行解释，并着重介绍和评论为其现代化所作的各种努力。它关注普通教育与职业教育以及不同形式的职业教育之间的平等尊重。此外，它还考虑了公司内部培训的成本和效益，培训职业的模块化以及学习和工作之间的关系。因此，它会给出一些关于职业教育的建议。

德国的技能培训体系，特别是职业教育和培训的二元体系，在政治经济学辩论中被认为是德国模式的支柱，主要有两个原因：一方面，技术工人的培训从一开始就得到多元化质量生产的发展战略的支持。另一方面，双重职业资格审查制度代表了德国社团主义治理的最重要领域之一。

技能形成的政治经济学显示了职业双重体制对德国生产模式和福利国家模式发展的具体影响，关于集体技能形成的政治经济学的研究遵循了这种方法，建立在先前的研究之上，强调职业教育和培训的双重体系和其他政治经济制度之间的联系，特别是劳动力市场制度。由于其制度方法，政治经济学的辩论针对监管水平，从而忽略了监管正在发生变化的经验过程，重点是技术工人和作为其政治代表的社会伙伴协会的双重职业教育。这解释了为什么技能培训系统作为一个整体在关注机构的政治经济学文献中很少受到关注。这同样适用于高等教育研究，尽管已经有一些新的方法将高等教育发展更直接地联系到政治经济学辩论上。

一个多世纪以来，普通教育体系的发展或多或少被关于职业教育和培训的双重体系的讨论所忽视，原因有三：第一，传统上，双轨制教学导致大学的高等教育课程，而不是职业教育和培训的双重体系课程的盛行，在一定程度上也存在着问题；第二，在职业教育和培训的双重体系和高等教育的学生的社会背景不同，因此很少有教育资格的竞争；第三，直到 20 世纪下半叶，工匠和熟练工人的教育方案似乎只关注基本的认知技能（阅读、数学），而不是大学和其他类型的普通教育学校所强调的更广泛的认知技能。到目前为止，参加双重职业教育和培训的双重体系课程并不需要毕业证书。这些条件在 20 世纪下半叶发生了根本性的变化，主要原因在于对职业教育和培训的双重体系的认知先决条件不断提高。自 20 世纪 60 年代中期以来，德国的教育改革和扩张逐渐导致教育水平越来越高，教育格局和年轻人职业分化。此外，当双重职业教育制度占主导地位，高等教育只发挥次要作用时，这两个部门并存，没有任何问题。但是随着经济发展及其对人才的需求变化，这种情况逐渐发生了重大变化。在德国的资格体系中，新进入大学的人数和进入双重职业教育和培训（职业教育和培训的双重体系）的人数在过去几年里首次持平。直到21世纪初，进入职业教育和培训的双重体系的人数几乎是进入大学的人数的两倍。主要教育部门之间关系的这种数量上的转变，激发了对整个德国技能培训体系未来的讨论：该体系将向高等教育转变，还是传统的双职业教育模式仍将是德国工业的支柱和大多数员工的教育模式？第三种选择是一种新的技能形成模式，将两种系统整合到新的教育秩序中。

政治上务实的观点，主要得到社会伙伴的支持，侧重于职业教育和培训领域。考虑到高等教育的扩大，他们担心双职业教育制度的未来。这指的是双职业教育与高等教育相比的吸引力，因为在未来20年面临中学毕业生人口减少和高等教育改革。这一问题主要由社会伙伴，特别是工会来处理，这并不奇怪：它们招募新成员和参与社会的可能性受到威胁。在职业培训政策和高等教育政策的参考框架下，一年级学生数量和比例的急剧增长在劳动力市场和就业制度加速学院化的背景下引发了一场关于这一发展的批判性辩论。

与教育改革并行但不一定相关的职业教育制度的发展有两个方面：一方面是职业培训部门分化的推进；另一方面，根据以前的教育水平，职业培训的职业细分越来越多，这可以被称为二元体制内部的社会分层，因为德国的教育制度与阶级紧密相关。

以就业需求为导向的双重职业教育更受企业欢迎。我国的职业教育也应以对职工职业水平的要求为教学目标，并按照对其资格的要求建立健全相应的教学大纲和教学内容体系，从而促进我国职业技术教育体制改革。与学校系统中的职业教育不同，双重制更注重实践技能的培养。它通过了一系列法律和条例，以确保这种培训的实际实施。这使得培训第一生产环节从业人员的职业技术教育真正受到企业的欢迎。虽然我们目前十分重视培养学生的实践技能，但学校的培育模式客观上把学生排除在生产范围之外，不利于学生理论知识在实践中的及时应用。

《国务院关于大力发展职业教育的决定》中指出，职业教育应以服务现代化为目标，提高劳动质量，特别是职业技能。实施双重制教学模式具有积极的现实意义，为推进职业教育改革、加强与企业生产实践的密切互动开辟了广阔的前景。

第二节 以网络化治理思维创新职业教育组织合作形式

加强校企合作是当前职业教育发展的一大主题。我们的调查研究结果表明，目前我国职业教育校企合作存在着不同主体利益差异、合作质量不高、合作程度不充分的特点。但在意愿层面，学校和企业对校企合作认同强烈，对校企合作的未来充满希望。完善管理体制、强化行业组织作用、完善法律制度、强化学校市场意识等制度和因素是造成校企合作愿景与现实差距的主要原因。职业教育校企合作新发展路径的选择包括树立企业化办学理念、牢固树立行业组织主导地位、激励企业参与职业教育、加强生产实习实训基地建设、鼓励地方先行试点等。

中国对职业教育发展的需求是明确的。我们需要高素质的教师，他们能够创造性地将生产、学习和研究结合在一起，不仅将理论应用于实践，而且鼓励发展新的理论，支持教学和产业实践的持续改进。

显然，在中国社会组织和管理规范的独特背景下，需要研究产业与学术整合的基础。因此，职业院校的结构性因素（如组织文化）如何与教师个体特征（如职业承诺）相互作用，从而影响中国产业与其所依赖的职业教师之间的联系都具有相当重要的地位。这些技能，以及它们帮助培养的人才，在一定程度上是由所谓的学校—企业、学习—产业或学术—产业互动产生的。

组织文化氛围与产学研合作是一个需要加以考虑的部分。各种研究表明，这种组织文化特征可能会促进专业承诺、工作满意度，进而促进产学研合作。在此基础上也形成了建立良好的组织氛围促进工业领域发展的专业知识和研究的观点，也可以通过鼓励新思想和言论自由来激励成员的创新行为。这种鼓励，加上资源和支持性管理实践是员工创造性绩效的重要因素。类似的研究表明，当雇主表达出某种工作的价值并提供足够的资源时，员工更有可能表现出创造性工作和创新。在学术领域，高校具有在其成员中促进创新、规则和规范的能力。这些特征的总和可以说在不同的员工中形成了不同的思维文化，从而促进了员工的满意度和对组织的认同，并提高了绩效。

现代职业教育体系中的教育环境注重劳动力市场和用人单位对毕业生专业能力内容的要求。因此，对区域职业教育系统与劳动力市场的合作安排提供实践指导具有相当程度的必要意义。

通过研究国家模式和确定最有利的合作工具（模块化培训、自愿社会/生态年、教育资源整合、国家和公共管理、聚集职业教育机构和行业公司），提高劳动力市场和职业教育系统合作的有效性。这将使劳工市场和职业教育制度之间的合作可以与其他国家的经验进行比较，从而评估其相关性和执行风险。如果能确定通用的合作工具（社会经济、教育、实用创新技术），就能成功地改善劳动力市场和职业教育系统之间的合作，从而促进国家职业教育系统融入国家教育空间。劳动力市场与职业教育系统合作的有效性将在标准评估（聚集性、主体性、跨学科性）的条件下提高，促进职业教育项目的融合、职业与教育标准的衔接、学生的职业认同、学生参与研发和实施科研生产项目，逐步形成专业能力。

工业也在快速增长，科技进一步发展，需求空前为毕业生提供了广阔的机会。然而，行业往往抱怨现有的技术机构的课程未能解决行业的实际问题。例如，业界希望科技机构能做到这一点，用最新的技术培训他们未来的员工，这是因为技术院校缺乏合适的课程。这将导致技术机构与产业之间的错位，表明需要沟通，这样毕业生才能融入毕业后的行业。行业正在不断扩大，知识也变得越来越复杂。开发更好的课程在科技院校教学中的作用越来越重要。

技术各院校应提供有益的学习设施，以环境和行业为导向的商业课程被认为满足了他们的需求。课程是预计开发，以生产熟练为目标。然而，技术专业的高职毕业生的素质有待提升，各院校尤其是高等职业教育院校，教学成果较为有限，大多数投诉是由于技能要求不充分。

任何一个国家的经济发展都取决于科技水平，人力资源开发在科学领域以及工业化的技术上具有更高的重要性。尽管规模较大，从各种技术院校毕业的人数未能对产业发展产生积极影响，经济部门的工业化速度也不能得到较好的保障。在缩小这一差距的过程中，许多国家都遇到了类似的问题，通过引入强大的技术解决了这个问题。学习机构课程的组成部分通常有很多不同的方式，其中盛行的是为学生提供技术教育、工作态度和工作原则，随后又投身于工业和商业公司，在那里他们得到了实际经验。

技术职业教育被认为是发达国家工业化的基石。因为它对生产力、社会和经济的影响十分巨大，并且在一定程度上有决定性的作用。在发展中国家，大多数的职业院校的课程设置不符合需要，难以满足劳动力市场和行业的期望。职业教育发展的障碍包括机构资金不足，缺乏足够的基础设施，车间设施、工业非常薄弱。然而，建立国有企业与产业的联动计划会对学生、教师产生深远的影响，促进行业的发展。这将使产业有机会评估积极性高的职业教育毕业生的表现，并将其作为一个基础，从中寻找未来的全职员工。

国家、企业与教育机构的三重合作是发展现代职业技术教育、发展产业与教育相融合、深化融入生产教育体系、培养合格人才的重要途径。“联合会”是学校和学院对于职业教育活动的中心。职业教育院校的联合，是指政府部门、企业和职业技术教育院校，以不同类型的联合项目为载体、联动因素，各尽所能，建立联合教育体系，三方分享利益和风险。在学校与培训机构的合作机制中，政府起主导作用，企业与专业学院是发挥不同功能的基本要素：政府起主导作用，作为纽带，作为催化剂，公共部门作为社会公共利益的代表，通过对宏观经济的合理调控和社会资源的有效管理，建立校企合作的纽带；企业、职业技术教育机构是行政教育机构联合的主要组织者；合作载体提供不同主体的相互作用和促进作用。根据各自特点，互联互通，加强协同帮扶，发挥政府部门协调优势，为专业培训机构和企业市场主体提供智力支持，形成联合育人机制，创新服务模式。

长期以来，职业院校与企业之间没有实现原则上的价值统一。职业培训机构的主要目标是发展所需的高素质技术人才，以满足社会生产的最迫切需要，确保教育对人的培养产生社会影响，以及创造“以人为本”和“非商业导向”的组织特征；反过来，企业的目标是通过提高经济效益来实现利润和价值最大化。

从利益的角度来看，职业院校与培训机构合作的最终目标是提高技术人才的培养质量，企业直接参与培训机构合作是为了获得生产活动所需的技术技能，最终是促进企业技术创新，提高经济效益。

因此，具有普通教育特色的职业技术教育机构的价值取向与具有资本化和盈利特色的企业价值观以及教育机构的组织目标和愿景之间的内在差异导致难以整合和发展，这是职业教育活动的一大障碍。

学校与培训机构之间的合作许多都是在职业培训机构和企业的基层进行的，取决于素质和情感支持，在一些企业的理解上存在着分歧，与教育机构合作的被动参与往往是基于特定的政府优惠政策，没有充分认识到企业本身是培养高素质人才的最大受益者。这是由于成本和风险等因素，社会责任感不足，参与职业教育的动力不足，缺乏长远的策略规划造成的，被动应变，甚至出现教育技能方面的问题，拒绝参与与学校企业合作。职业教育是一种跨界的教育，发展职业技术教育的融合，需要不同层次、不同领域、不同主体、不同要素的有机融合。教育机构与企业之间的合作往往在入学和就业方面受到压力，而不是在培养高技能技术人才的战略中提高人们对合作育人重要性的认识。

职业培训机构的课程、培训模式等指标不完全建立在商业实践基础上，人才培养计划缺乏科学依据和创业研究，不涉及企业和社会的需要，影响企业参与联合育人活动。

从社会和政府的角度来看，职业教育的所在范围是公共领域，是一种公共财产，在促进学校与教育机构联系的过程中，充分发挥控制等重要功能，为教育人民创造有利互利的环境条件，综合规划、资源分配、政策制定、平台建设、互联互通，建立联合服务，提供全方位的服务和保障，与民众打交道。

政府、职业院校与企业之间的互动与制约具有相当程度动态复杂的特点，因此需要建立公私企业合力育人的激励机制，为政府、企业和教育机构寻找需求点和利益点，结合要素，激发相关利益相关者的积极性，激发内在动力，形成有效的利益共同体。要实现教育与管理相结合，必须完善激励机制，充分调动职业教育机构和企业的积极性。根据国家政策和本地区工业发展的需要，政府部门应在加快相关政策落地的同时，制定一套综合政策体系，明确有关主体的责任、权益，规范人员流动、资金管理、利益分享、冲突解决等。明确规定参加政府、企业与职业学校合作计划的企业享有优惠贷款、税收优惠、财政补贴等政策优惠，在政府、职业教育机构和企业的积极参与下，培育政策结合效应和效果，为发展学校与教育机构的联系创造激励。

职业教育培训机构之间的合作融入生产活动是一种多方面的教育，需要解决政府各部门职能分工、企业参与机会不足等问题。建立有效的组织协调机构，整合政府部委和部门的资源，克服利益相关者可能面对的内部障碍和风险，消除学校和企业对职业教育的内部障碍。

为了实现预期的目标，必须建立以科学为基础的评估机制。一方面，建立由政府、职业技术教育机构、专业教育企业和企业联合组成的考核验收机构，建立科学考核制度，定期考核，向社会通报考核结果，以及调动和分配参与实体的资源。另一方面，政府客观公正地执行参与者应享有的优惠和奖励政策。

培训机构和企业通力合作，共同组成教材开发团队，将新知识、新技术、新规则等内容以文字或数字的形式及时引入公共教学模块，将微教材与网页微课、讲座相结合，纳入教学资源。教师教导学生建立自主学习社区，师生共同设计适合学生认知特点和能力的“教材”，既能激发学生的创新思维，又加强自主学习。建立信息共享教材、教案、典型案例、使用说明书、实用视频、设计、施工图等作为微教材的教学内容参考，及时解答问题，在教学活动中设计微型讲座中的创造性和其他生产性教学资源。

推动教学资源建设，建立积极的课程体系，让学生分享数量充足、质量较高的教育资源。强调教学条件、平台和心理活动对教学方法应用的影响。营造专业环境氛围，建设教学课堂，技术教学与在模拟的车间中实践、练习和学习相结合，打造业务载体，尊重学生的天性，加大个体学习潜力。要加强对学生学习目标、学习内容需求和学习基础的综合思考，重点构建适应学生发展要求的学习体系。

企业以生产和教育一体化的原则为基础，在学校一体化体系建设中发挥着较大的作用。发挥企业主体作用，探索混合制教学产权制度，建立基于产权和利益分配模式的校企管理结构和合作机制，为企业参加职业教育提供稳定保障。

在职业技术学院，学生的学习只集中在职业培训上，但企业家对企业的创立和长期发展表现出更多的兴趣。职业教育应以培养人才为目标，为进一步就业服务。加强企业与职业学校的密切合作，以适应企业的实际生产需要，培养高等院校毕业生，有效提高企业所需的专业技能，直至帮助他们获得更好的工作，“让学生更好地为企业服务，同时展现个人价值，实现个人和商业效益”。在“以教师为主导、以学生为中心”的指导思想和职业技术教育主线的基础上，明确和制定了职业培训的主要任务，形成了以统一为原则的教学模式。广泛运用现代教育手段，大力开发专业资源库和网上开放学习资源。

在职业教育领域，实现学校与企业合作模式的途径和方法各不相同。课程体系与企业紧密相连，企业提供专业培训目标和标准以及相关专业的最新信息。学校会同企业制定毕业标准、课程设置、课程体系，创造学习环境和条件，确定学生的职责和权利。教学过程与企业的深度对接，意味着将学习和实践实习充分结合在一起，这是职业教育培养人才的基本规律。理论知识的学习离不开牢固的实践基础，实践也需要一定的理论作为良好的指导。职业技术学校学生实践技能的形成，一般要求在实践训练中形成感官认同、模仿、实践、熟练协调、反馈校正和创新。人才的观念、态度、行为和技能必须在先进生产经验的基础上形成。在教学内容方面，从专业化制度向实践教学环节的转变，教学内容及时适应行业发展和企业人才需求的变化；在教学方法上，要加强实践教学，注重专业培训。教师是人类灵魂的工程师．促进教师能力建设有利于促进合作。教师队伍建设是与企业深度对接的必要条件。建立教师和熟练职工相结合的师资队伍是院校和企业合作培育人才的可靠保证。学校每年都要选派专业人员到合作企业学习，提高他们的实践技能。教师通过建立市场关系、了解企业文化、提高专业水平，促进教学与生产零距离结合。实践是职业教育与普通教育区别的重要标志。学校与企业合作最普遍的现象是共同建立实习就业基地。根据学生学习和企业职工培训的总体需要，结合实践基地建立教学、科研、生产的函授基地，使实践课成为社会师生互动的重要基地，了解学生的就业市场和职业培训，也是人才发展与当地社会经济发展密切相关的重要方式。要建立良好的校企合作模式，必须培养文化效果，深刻而持续地对学生产生影响，必须坚持校园文化建设和企业深度融合。要实现院校之间的深度合作，文化融合和情感交流是保证校企之间持续合作的润滑剂，因此根据企业的实际情况，设计和建设学校文化。

第三节　职业教育网络化治理组织融合的实现路径

坚持职业教育和普通本科两种类型、不同特点和同等质量，将职业教育纳入现有的本科工作体系，授予专业本科学位，按照本科毕业证书格式，同时在授予学士学位的权利、授予学位的标准等方面，提高职业教育专业人员的技能。提高专业水平，完善本科学位授予质量保证体系，带动专业本科的质量发展。职业教育的学士学位必须获得教育部的批准。合格修读副学士学位课程的学生，可修读副学士学位课程的专业教育学士学位课程。在执行方面，普通本科和职业本科都按照《中华人民共和国学位条例》《中华人民共和国学位条例暂行实施办法》《学士学位授权和授予管理办法》进行学士学位授权、授予、管理和质量监督；在证书效用方面，两者价值等同，在就业、考研、考公等方面具有同样的效力。

在应用学士学位课程的基础上，设定的教育课程侧重于在生产中获得理论训练和实践技能。它反映在变化中具体方向的学术本科学的实践部分。此外，实用部分的项目包括实验和实践班、教育和工业实践班，不少于总时间的一半分配给训练。目前，高校在各个领域留下了大量的学生，毕业立即产生了就业问题。由于许多企业的现代化，用人单位需要的毕业生越来越高要求。因此，应用学士学位的主要目标是培养掌握知识、技能、熟练掌握所学领域的能力的毕业生，以便立即开始工作。在开发应用型本科学位实施质量潜力的结构和内容时，所建立和制定的体系有必要反映最低的一般要求的概念创造的应用学士学位：有能力研究该地区的劳动力市场需求、有能力发展项目，包括职业模块、组织内容和理论部分和实践部分程序；教育机构的人员潜力不仅应该包括教员，而且应该包括代表具有与项目实施相关的实践专业活动经验的雇主。具有实施方案所必需的物质、科学和系统的基础，企业以实践为基础，提供最新的实验室和车间设备、电脑、手册、实操用品，包括电子媒体，要求学生学会获取相应的新文献，其范围是最近五年内。要有有效的毕业生就业机制，与用人单位签订劳动合同，参与共同培养项目的年度更新、结果的澄清；开发国家工作文凭项目和课程的期末考试，参与其实施；组织课程中教师素质的提高，对其进行培训。

因此，应用型本科学历的学生按本科课程进行培养主要基本单元与标准中规定的相同、附加部分以实践为导向显示明确的资格。通过对应用型本科专业的分析，可以揭示其积极的一面：申请本科毕业后，学生接受职业并参加工作。如果由于某些原因，他需要在某些领域有深入的知识，他可以继续接受培训。

就像讨论的每个问题一样，应用学士学位也有不足之处。应用型本科作为一种新型的教育形式，只有在一定的条件下才能“工作”——当有了特定的用人单位，就可以参加专门人才的培养。在这种情况下，高等院校与初级职业教育和中等职业教育系统合作，承担理论培训，并将实践和所有应用模块的组织交给用人单位。

教育项目的“模块化”在国外很普遍。和做同样事情的人打交道的真实经验，增加专业视野和提高毕业生的专业经验。应用型本科专业学生具有具体的应用性资格。如今它正如许多雇主所说的，缺乏合格的专家是严重的问题。申请资格的项目将在一定程度上减少此类工人的短缺问题。应用本科将使高等教育体系更加灵活。

在高等学校“文化素质＋专业技能”的基础上，应当建立健全职业教育高考体系，这更符合人才成长规律，也能体现人才的技能、素质和能力。事实上，无论是普通高等教育院校毕业后入读高等教育院校的学生，还是接受专业教育的学生，最终都要离开学校参加工作。教育的主要目的是教人如何生存、谋生和追求幸福。因此，职业训练机构应以提升技能、改善教育管理和质素为目标。随着智能化时代的到来，未来社会对技术人才的要求越来越高，建立高等教育体系要经过技术技能的磨砺才能提升技能，提升成长空间。

建立技能提升制度，为职业教育改革注入新的活力，消除公众对职业教育的偏见，改变职业教育的社会评价。总的来说，这也是高等教育综合改革的进展，也是整体教育评估的进展，这也符合新时代教育改革的总体精神。

在发展职业教育网络化治理组织融合的同时，必须充分考虑全球化因素。全球化对我们的生活产生了决定性的影响，因此它已成为近年来讨论和关注的重要议题之一。我们要在国际舞台上竞争，成功应对全球化的挑战，就需要在职业教育培训教学的有效性最大化方面，通过具体的课程设计进行重大改进。我们生活在一个知识和技术不断加速更新的世界。为了适应经济发展趋势和目标的更新要求，我们的教育规划必须转向新的教学内容和教学方式。因此，全球化和新的经济社会秩序要求教育过程有新的政策和战略。为此，教育和培训改革必须以适当的市场研究确定的市场需要为评估基础，目的是明确需要通过实施技术和职业教育和培训发展计划来满足的需求，这些计划被认为是满足全球化需求的最有效工具。问题陈述包括三个主要类型的问题：仅学校就能达到能力本位教育的目标吗；正规教育应该在多大程度上使人们做好工作准备；职业教育和培训应该在多大程度上对工作产生影响。

分析市场实证研究结果，进而提出具体课程设计建议，以提升高职教育有效性。需要将专业知识与实证数据相结合，从而形成教学发展决策。在结论和建议中对研究和调查发现的数据进行详细的描述和分析，以确保市场研究课程设计在职业教育和培训将是有效和成功的。

全球化的到来要求更专业化的劳动力市场、更高水平的技能，以及多元化的职业教育。组织和企业被要求在新的整体环境模式下采取战略方式的变化，以发生的经济增长受益。他们必须采取大刀阔斧的措施，升级其结构和业务，并使其雇员的资格适应新的挑战。多年来，人们越来越意识到，通识教育往往过于学术化，无法让年轻人为职场做好充分准备。毫无疑问，与之相比普通教育、职业教育和培训与经济和教育的联系更密切、更直接。

在技术职业教育的政策制定者、管理者和教育者的压力下，许多大学都在的课程包括管理学、管理信息系统、市场营销和财务方面，以提高劳动力的资格和提供知识为基础以及基于技能的教学。这场运动旨在弥补传统职业教育的失败和培训课程对行业或整体经济增长有直接影响。全球化视野下的讨论、研究和教育改革是教育工作者关注的问题。

事实上，虽然全球化进程具有加速经济增长的巨大潜力，要实现正确的技能组合，以减少贫困，促进经济增长，各级教育和培训都需要得到支持，以实现预期的各种目标。

与教育相关的发展成果，出现了一种普遍的看法，即“知识社会”，即那些不断发展新思想的社会。

为适应全球化的要求，不应把职业教育和培训升级作为一种战略万能药。有两个基本因素将决定国家是否能够适应全球化。首先，每个国家如何在国家层面应对全球化的要求。其次，他们如何为更开放的贸易体系制定国际规则和程序。此外，还有一些策略将支持个人和国家的努力受益于全球化的优点：市场扩张，世界各国经济的相互依存，全球运营，劳动力流动性，全球市场都是积极的影响因素。

发展和管理一个全球性组织意味着培养和管理能够思考、领导和行动的人才，从全球视角出发，必须拥有全球思维和全球技能。所有这些变量的结果是一个结构化的职业计划，基于适当的职业教育设计的课程。职业教育和培训制度是国家教育和培训的重要组成部分。因此，职业教育培训被认为是经济发展的关键，公司和员工的培训习惯都必须改变。

职业教育与培训基于双重教育的原则。这意味着，学徒的一部分教育和培训在职业学校，另一部分在公司或其他工作部门直接参与日常工作生活。与工作生活的密切联系意味着从学徒到训练有素的雇员的过渡相对于学校为基础的系统是相对容易的。职业教育学校的双重教育原则在全世界闻名，因为它能够向劳动力市场提供高质量的劳动力，这些劳动力能够适应新的和不断变化的条件并引进新技术。此外，双重教育接受教育和培训的技术劳工在劳动力市场上具有很高的流动性。由于教育过程的参与，双重教育确保了教育系统与商业和企业之间的紧密联系。最后，与职业教育的学校教育系统相比，双重教育的原则是一种相对廉价的培养熟练劳动力的方法。经济危机给职业教育和培训中的双重教育原则带来了压力，因为企业和公司不太愿意为学徒提供必要数量的培训名额。

一方面，这给想要接受职业教育的年轻人造成了问题，因为没有适当的培训场所，他们就无法完成职业教育。另一方面，它给商业和企业埋下了可能存在困难的伏笔，因为随着人口的老龄化和职业技术培训名额的不足，在未来会出现熟练劳动力的短缺。

必须进行职业教育的改革，以提高技能供给，使之与技能需求相适应。只有在适当的基础上设计和开发职业教育课程，改革才能有效。职业课程总的来说是专业知识发展的途径，有助于从理论到实践的技能提高。职业课程的明显优势包括以下几点。

为许多需要技术技能而不是学术知识的不同领域提供指导，允许学生只专注于职业培训。一个主要优势是它提供了灵活性，可从各种来源获得。根据联合国教科文组织的概念，课程可以被定义为组织学习序列，以产生特定的、预期的学习结果，而课程开发是一套旨在引入有计划的改变以寻求更好的做法。它被认为是一种正统的程序，设计两种不同的课程，旨在更有效地产出。对于受雇的劳动力，建议开设“临时”课程。过去几年的变化速度是课程正在以前所未有的速度增加，许多领域的课程正在进行根本性的发展。临时课程是针对已经就业的个人，不仅起到桥梁作用，即联结需要的专业知识和技能与现有知识和技能，并明确二者之间的差距，有利于将特定种类的学习与面对的新情况相结合，更能够培养进取的态度。重要的是要咨询由教育工作者和决策者组成的小组，以便决定课程应该考虑的基本方面。

职业教育体系在社会经济发展中起着至关重要的作用。然而，这是积极的先决条件。高职教育对经济发展的影响在于以市场为导向的相关课程的合理设计需求识别和分析。在全球范围内，国家经济要求课程发展的方向是为目标教育过程提供信息，包括要达到的目标、要学习的内容、要使用的教学方法和教具。

因此，设计和实施双重类型的课程是可取的，它是就业劳动力的“短暂”课程和职业教育课程的创新形式，促进一般劳动力的未来就业。课程重视技术的使用以及创造力、独立性、沟通技巧的发展，知识和理解代表了无可争辩的特征，对人类的进步是非常必要的。未来职业教育的规划是确定学校的具体办学目的，因为它关系到学校的发展满足市场需求和不断变化的社会。职业教育发展是一种通过适当和有效的课程来进行的教育类型供在某一行业或工业职业就业的人士，或使同一界别的受雇人士透过终身学习等进一步培训，提升资历。

人力资源开发目标的取向具有特殊的意义，它是教育教学形成的重要基础。在职业学校的方面，培训的目的是集中发展能力，强调学生理论和实践知识的双重平衡。从市场需求看，人才发展目标的形成应以确定就业目标为目标，特别强调职业特点，增强学生的能力。考虑到工作分配的不同、市场环境的不同，对人力资源开发的重视程度不尽相同，更加强调“专业化＋能力提升＋就业导向”。专业特点要突出，加强专业技能的培养。

形成以学生为中心的学习理念，尊重学生的个体发展，引导和发展学生的学习主动性，扩大学生的选择，有足够的时间和空间让学生独立学习和独立思考。透过精简专业组别和跨学科专业，鼓励有剩余能力的学生修读额外的专业学位等，促进学生个性的培养和知识的融合。

根据人力资源开发目标，解决教育、普通学科、专业、实践等方面的学习问题，系统优化课程结构。针对教学内容的科学性、适用性和先进性，加大课程重组和整合力度，重点解决课程内容陈旧、各自为政等问题，并加入新的社会经济发展需求，建立更加顺理成章、前瞻性强的培训课程体系，重点结合行业标准、培训流程和生产流程对课内容进行整合。丰富课程，鼓励举办讲座课程。

根据应用型人才发展的客观需要和人才培养“双主动”的要求，创新创业技能的实践培养贯穿人才培养的全过程。培养基础课程、专业课程在创新教育和创新人才培养中的核心作用，重点培养学生的理论基础、知识技能，培养学生的创新意识、方法意识和能力。了解企业和专业的需求，可以通过这种方式，在以专业要求为核心的课程体系中，结合行业特点，确定学生未来岗位所需的具体技能，形成专业知识、技能和应用课程体系相结合的有效职业教育新体系。

教育学生培养正确的劳动价值观和良好的劳动质量具有相当程度的必要性。劳动是人类社会存在的基础。受教育者热爱劳动，是社会主义教育的核心价值观，在促进青少年德智体美劳全面发展之中作用相当大。学生对职业教育的认同程度是决定中小学劳动教育成功与否的一个标准。提高职业技术教育对高素质工作者和合格专业人员的吸引力，效果良好。劳工教育及职业训练应使青少年有机会了解自身的优点，建立所需的职业兴趣，为将来的职业生活做好准备。同时，学生必须认识到，职业是社会分工合作的产物，工人具有平等的社会地位。参与必要的日常生产和服务工作，掌握必要的生活和生产技能，既能加深知识学习，又能保证生活愉快。书本上的知识是对人类生活和生产经验的总结，学生有直接的经验能更好地了解世界。掌握必要的生活技能和生产技能将提高他们在困难环境中的生存能力，也将为职业培训和工作创造条件，提高他们的社会价值。

教学跟踪也是手段之一。学校跟踪作为一种提供劳动力市场所需技能的手段而引入，针对这种方式对教育平等、未来生活机会以及职业教育总体质量所产生的影响进行批判性审查，具有一定程度的意义。对现有文献的综合分析以及对于目前的情况的看法揭示出，教育跟踪本应实现的高等职业教育和培训的梦想，与失去机会和不平等的现实之间存在着巨大的缺口，尤其是在社会经济背景差、社会资本弱、社会网络稀疏的学生中。教育跟踪实施得越快，这一点就越正确。建议把教育跟踪推迟到生命的后期，即使到那时，也要灵活地进行，并考虑到大晚生。我们还建议通过减少课程分化程度、允许更广泛的职业教育课程以及减少培训职业的数量来调整职业教育，以适应不断变化学校跟踪的程度。教学跟踪在世界各地的教育系统中成为一个被广泛讨论的问题，就其有意和无意的后果而言，教育跟踪对以后生活中的教育和机会平等的长期影响是什么？支持学校跟踪的一个重要论点是，它允许同质班级的专门课程，并提供最大限度学习的便利。因此，它创造了一个机会来减少教师对快速学习和缓慢学习的学生的班级的关注。换句话说，在跟踪系统中，具有相同能力的学生群体似乎更容易专注于特定的学习目标和教育进展。然而，也有相反的观点认为，跟踪会导致已经在环境中学习的表现较差的学生的系统性劣势，这种环境不能充分促进学习。此外，早期的跟踪增加了跟踪的噪声效应，当更早地跟踪学生时，学生的表现变得更依赖于他们的社会背景。因此，较早的跟踪增加了将个体错误分配到轨道的劳动力市场动态的风险。当考虑非线性同伴效应时，异质班级会导致效率的提高，前提是表现差的学生有更好的机会通过更有效的小组讨论和基于互动的动机来提高他们的表现，而表现好的学生没有任何缺点。因此，导致同质化的跟踪可能会使表现较差的学生失去这些机会。

教育系统优化学生的技能，为他们进入劳动力市场做好准备，受到教育跟踪的学生通常会接受培训，以获得工作生活所需的技能。学校跟踪似乎比职业跟踪有一些好处。研究发现，跟踪对毕业生的劳动力市场配置具有正向影响，国际研究的结果主要关注学生的学术成就和文化水平，被广泛用于评估毕业生对工作生活的准备。毕业生在 16 岁到 26 岁之间的就业能力和收入水平方面更有优势。在实施导向跟踪的国家，青年失业率较低，从学校到工作的过渡时间较短。

最近有人呼吁改革职业教育和改革发展。这一双重要求使我们思考，技能发展如何才能最好地支持个人、社区和地球可持续的发展，并促进社会正义和减贫。在考虑这个问题时，我们批评了绿色经济中的绿色技能的想法，认为它不足以实现转型和转型的职业教育，将目标从经济增长转移到个人福祉，并使职业教育在转型社会和工作中发挥作用。相反，我们认为，我们必须将人类发展和可持续发展视为不可分割的，并规划和评估职业教育体系对这些方面的贡献。这种办法的基础必须是对工作的看法是体面的、改善生活的、团结的、对环境敏感的和具有代际意识的工作技能。它必须面对这样一个现实，即当前许多职业教育体系都在帮助人们为缺乏这些特征的工作做准备。它必须关注贫困、不平等和不公正现象，并促进消除这些现象。它必须支持个人的能动性，同时也反映出对经常束缚个人能动性的结构的仔细解读。最后，它必须改变技能、工作和世界，使之真正可持续地造福于当今的人们，也造福于未来将居住在地球上的人们。

数字化是目前的技术手段和潮流。如今，数字化已经强烈影响和改变了人们的生产和生活。数字经济时代，人才培养模式正在适应社会对自身的新要求，职业教育应继续提高其适应性。发展数字经济，建立数字知识，掌握数字实践技能，不断提升职业教育学生的技术能力和各方面水平。

参考文献

[1]谢莉花,余小娟.新职业教育法实施背景下我国职业教育和培训体系一体化发展的思考——基于德国职业进修教育的启示[J].职教发展研究,2022(04):60-68.

[2]苏德,薛寒,刘鸣宇.西部地区职业教育协同促进农村共同富裕的理论框架与实证测度[J].清华大学教育研究,2022,43(06):110-120.

[3]熊孜.职业教育支撑现代海洋城市建设的价值意蕴和路径探析——以浙江省舟山市为例[J].浙江交通职业技术学院学报,2022,23(04):66-70.

[4]耿洁,王凤慧,崔景颐.高等教育、职业教育、继续教育融合:时代必然、政策语境与问题对策[J].职业技术教育,2022,43(28):6-12.

[5]杨继龙.职业教育与开放教育协同发展:形成与机制[J].职业技术教育,2022,43(28):13-17.

[6]韩雪军,刘颖.课程变革:未来职业教育发展的基石——面向未来的职业教育课程变革论坛综述[J].中国职业技术教育,2022(28):68-71+66-67.

[7]蒋丽华.增强职业教育适应性的内涵价值与路径选择——基于新发展格局视角[J].江苏工程职业技术学院学报,2022,22(03):87-91.

[8]周如俊.增强职业教育适应性的政策指向、时代意蕴与路径选择[J].中国职业技术教育,2022(27):13-21+37.

[9]邵若男.地方政府推进职业教育校企合作策略研究[D].山东大学,2022.

[10]班娟娟.职业教育与产业需求实现“同频共振”[N].经济参考报,2022-05-19(007).

[11]张浩,刘玮.宿迁地区职业教育政校企合作办学模式探索[J].数据,2022(05):192-194.

[12]王婷,翟栋高,戴瑞.产教融合、校企合作背景下应用型本科职业教育发展研究——以桂林旅游学院烹饪与营养教育专业为例[J].广西职业技术学院学报,2022,15(02):82-88.

[13]路召飞,王津津.创新校企合作体制机制 推动职业教育更好发展[J].河北开放大学学报,2022,27(02):93-96.

[14]章冀.校企合作背景下职业教育产教融合研究——以徐州开放国际经济与贸易专业为例[J].淮南职业技术学院学报,2021,21(05):81-83.

[15]程娟,王燕.新时代背景下高等职业教育深化校企合作的路径探析[J].普洱学院学报,2021,37(04):120-122.

[16]徐冬冬.职业教育校企合作模式实践与运作机制探究[J].职业技术,2021,20(09):43—47.

[17]徐平利.职业教育的校企合作有效性探析[J].职教论坛,2021,37(08):47—54.

[18]胡维芳,翟友华.高等职业教育教师专业素质评价指标体系构建研究[J].苏州大学学报(教育科学版),2019,7(04):88—96.

[19]刘林山,石洪发,李毅.职业教育校企合作治理困境与破解——基于网络化治理视角[J].高等职业教育(天津职业大学学报),2019,28(04):19—23+28.

[20]吴炜炜.开放大学现代职业教育文化生态构建研究——在线学习与高职教育文化同构的价值诉求和实现路径[J].云南开放大学学报,2019,21(03):41—47.

[21]李墨.新时代职业教育文化现代化问题研究[J].理论与现代化,2019(04):14—20.

[22]文婷,贺东梅.现代化视域下我国职业教育文化自信的提升[J].职业技术教育,2018,39(05):67—70.

[23]孙明越.中等职业教育网络化教学模式探讨[J].课程教育研究,2017(31):22.

[24]刘育秋,梁艺."互联网+"思维下高职院校职业教育的改革探索[J].才智,2017(13):165.

[25]唐强强.职业教育中计算机网络化教学策略研究[J].农技服务,2016,33(17):145.

[26]朱彤.基于人力资源管理的职业教育体系中的教师准入、评价与退出机制研究[J].商,2016(27):45—46+25.

[27]张培,刘桂芝.职业教育校企合作网络化治理的内涵、动力与趋向[J].教育与职业,2016(14):20—23.

[28]王莹,王永峰.网络化教学:增强思想政治教育实效性的一种路径选择——基于新疆某职业技术学院的个案分析[J].当代教研论丛,2015(09):115—116.

[29]王宗永,袁兵,葛敬医.探讨职业教育网络化结构体系[J].科学中国人,2015(24):270.

[30]刘淼.成才视域下中职院校思想政治教育网络化研究[J].成才之路,2015(13):56.

[31]何疆平.职业教育教学管理改革初探[J].求知导刊,2015(04):120—121.

[32]金霖刚,徐富根.高职院校思想政治教育网络化的探索与实践[J].中小企业管理与科技(下旬刊),2014(02):274—275.

[33]林智海.职业院校网络化建设现状及对策[J].中国科教创新导刊,2013(31):180.

[34]李英明.职业教育专项资金项目的网络化管理系统开发的初探[J].中国西部科技,2010,9(05):30—31+37.

[35]李训贵,吴勇.职业教育网络化结构体系探讨——兼论广州城市职业教育网络体系构建[J].广州大学学报(社会科学版),2007(01):71—75.